組織理論入門

5つのパースペクティブ

須田木綿子
米澤　旦
大平剛士

晃洋書房

序章　組織を捉える5つの視点

(1) 組織とは

　本書は組織理論の入門書である。組織理論は，組織（organization）を対象にして，組織の活動や行動を説明するための見方であり，本書では，このうち5つの見方を提示する。いずれも，1970年代以降に米国で体系化が進んだ理論で，2000年代にはいってからは，アジア圏の関連学術領域ではブームとなった。本書は，これらの理論を日本語で紹介したおそらく最初のものであろうと思う。

　組織理論を身につけることで，身の回りにあるさまざまな組織を違った形で見ることができる。さらには社会の見え方も，変わってくるだろう。

　組織はさまざまな形をとる。多くの人にとってもっともイメージしやすいものは，株式会社などの営利組織であろう。営利組織はモノやサービスを作り，販売しながら，投資者かつ所有者である株主の利潤を極大化するために活動している。一方で，非営利の組織もある。日本の病院（医療法人）や学校（学校法人）などは，所有者の利益のために活動しないという法律上の規制にもとづいて活動している。ほかにも，社会福祉法人や宗教法人，財団・社団法人，NPO法人などが非営利組織である。

　そして人々は，これらの組織に関わって日々を過ごしている。この本の読者の多くであろう学生は学校の構成員である。アルバイトをしている人はその企業の従業員として位置づけられる。卒業後は多くの場合，会社の従業員や政府の職員として1日の多くの時間を過ごすことになる。また余暇の時間では，サークルで活動し，オンラインゲームでチームを作って戦う場面もあるだろう。そしてこれらすべてが，組織的活動といえる。

　公式（formal）な組織と非公式（informal）な組織の区分もある。たとえば，法律で定められた法人である場合は，公式組織である。このような組織は，何

を目的とするか，意思決定をどのようにするか，問題が生じたときの対応など
をどうするかをあらかじめ文章化して，行政の担当窓口に届けることが義務付
けられている。一方で，形がはっきりとしていない人々のつきあいからなる組
織もある。たとえば，企業内のスポーツサークルなどのレクリエーション団体
は，明確な規約なども整備されていないが，やはり何らかの目的を達成しよう
と行動しているので，組織と言えるだろう。

　本書がとりあげる組織には，これらすべてが含まれる。それをひとことで定
義するのは困難だが，あえてまとめるなら，「何らかの目的を達成するために，
複数の人々が分業する活動の体系」といえるかもしれない。

(2) 本書がカバーする領域

　組織を扱う学問は，基本的には組織のタイプごとに発展してきた。営利組織
の場合は経営学，政府の場合は行政学などが代表的である。また，学校や社会
福祉の非営利組織については，教育学や社会福祉学，NPO論などで発展して
きた。このようななかで，本書で扱う組織理論は，どのようなタイプの組織に
も当てはまる普遍的な組織の原理を探求する学際的なとりくみの成果である。
結果として，心理学的な視点や経済学的な視点が含まれるが，総じて社会学的
な視点が強調されているといってもいいかもしれない。

(3) 本書がとりあげる理論

　本書では，資源依存理論，制度理論，取引費用理論，ネットワーク理論，ポ
ピュレーション・エコロジー理論（組織生態学）をとりあげる。

　資源依存理論は，なぜ自分の組織がほかの組織の動向に左右されなければな
らないのかを問う。制度理論は，組織が実は制度・社会・文化的な要因に多く
規定されており，結果として，たくさんの組織があるなかで似通った組織が多
くなるメカニズムを説明する。取引費用理論は，そもそも組織という形が必要
になるのはなぜなのかを追求する。ネットワーク理論は，他の組織とのつなが
りがどうして重要なのかを示す。そしてポピュレーション・エコロジー理論は，

これら組織の誕生から消滅までを，壮大なスケールをもって描く。

　組織研究の第一人者であるジョセフ・ガラスキウィクズ氏は，これらの理論の影響力の大きさを表現するために「ビッグ・ファイブ」（Big Five）との言葉を用いている。これらの５つの視角はそれぞれ異なる点から組織現象を照らしだし，組織の行動と，ひいてはその組織行動の背景にある社会の仕組みを理解することにつながる。

　本書でとりあげる理論は，マネジメント論のように組織運営に直接のヒントを与えたり，経営の成功にすぐに結びつくわけではない。これについてガラスキウィクズ氏は，下記のように述べている。

　（組織の理論は）1960年代までは，独立した研究領域として明確には認知されていませんでした。それ以前から組織に関する著作物は数多くありましたが，多くは，特定の組織をマネジメントしてきたカリスマ経営者のような人が経験を書くという，非常に特殊かつ個別の事例報告ともいえるものでした。このことから，次の指摘が可能です。つまり，組織一般に関する理論など知らなくても，自組織の運営や経営はできるということです。

（本書付録，p.171）

　そしてガラスキウィクズ氏は，組織理論の役割を「どのような組織にも適用可能な考え方と視点を同定し，それにもとづいて組織全体の動向を説明し，予測する」ことにあると述べる。

　組織の理論を知らなくても，経営はできる。ただ，組織理論を理解することで，われわれは社会の動向をより適格に察知し，それとの関わりで組織に関わる事象を説明し，予期することができる。そして，組織の行動と，ひいては社会をよりよくする道筋をも見つけられるだろう。本書を通して，５つの視点をつかみ，組織と社会のあり方を考える手がかりにしてもらいたい。

　最後に，第４部のネットワーク論については福井康貴氏（名古屋大学）から丁寧にコメントをいただいた。記して感謝したい。また，本書の最後に収めてい

るガラスキウィクズの論文は，本書の出発点になったレクチャーを基にした論文であり，福祉社会学会誌（17号，2020年）に掲載された。本書への転載を快諾してくださった福祉社会学会にも御礼を申し上げる。また何よりも，晃洋書房の吉永恵利加氏には，執筆者のわがままを受け入れていただき，常にポジティブなコメントをもって支えていただき，最後は圧倒的な集中力をもって本書を仕上げていただいた。ありがとうございました。

著者一同

目　次

第1部

組織の境界は曖昧である

●━━━━━━━━━━━━━━━━━━━━━●

資源依存理論

須田木綿子

組織の内と外の境界は，曖昧である。組織はそれのみでは存続できず，組織の外側から資源を取り込まなければ活動が成り立たないからである。そのことはまた，組織が100％自分たちの思う通りに活動できるわけではないことを意味する。周囲とのおりあいをつけながら，いかに自分たちの目的を達成するのか？　このような問いの応えを求めたのが，資源依存理論である。

第 1 章

組織の内と外の線引きはむずかしい

**Key words：オープン・システム（open system），外界（environment），
資源（resource），不確実性（uncertainty）**

1　オープン・システムとしての組織

　私たちの生活は，組織なしには成り立たない。多くの労働者が企業に勤めることで生計を立て，人々は学校で学ぶ。そして，生活に必要な食品やその他の品々を各種の店舗で買い求め，建設関連企業が提供する家に住む。これら企業，学校，店舗はすべて，組織である。さらに，それらの組織の活動を支援したり規制する行政もまた，組織である。

　組織は，明確な輪郭をもち，堅牢で，私たち1人ひとりよりもよほど強く，確かな意思をもって計画的に行動しているように思われる。しかし，実は組織は，主体性も，その輪郭さえも明確ではないような存在であるといったら，多くの読者は意外に感じることだろう。

　ある田舎町のA大学を想定して，考えてみよう。A大学には校舎があり，キャンパスがある。しかしそれだけでは，建物と敷地があるにすぎない。そこに学生と教員がいて，その間で教育的な活動が行われて初めて，学校らしくなる。そしてその学生は，学生自身やその保護者の意思でA大学を選んで，いわばA大学の外側からやってくる。教員も，必ずしもA大学出身であるとは限らず，他大学の卒業生が多く含まれる。さらにA大学の活動は，大学の外側にある組織と協働することで成り立っている。A大学の建物がある町の役所，学生

に安くておいしい食事を提供してくれる飲食店，時に騒がしい学生を受け入れてくれている近隣住民，学内に出店してくれているコンビニや生協，事務用品やPC等の備品を届けてくれる文房具店，校舎を建てたりメンテナンスを請け負ってくれる建設会社，メインバンクとしてお金の出し入れの窓口になってくれている銀行など，A大学を支えている外部組織の数と種類は限りがない。そしてその対応をするのは，A大学の職員である。職員は，A大学と，A大学に関わる組織との間にたって双方の調整をしている。ことほど左様に，A大学の実際は自給自足からは程遠く，その活動は，外部組織との協働によって初めて可能になっている。つまり，A大学は外に開かれて活動しており，A大学の内と外の境界は，曖昧である。

　A大学は，主体性という点においても，曖昧である。A大学の教育課程は，文部科学省が示す基準にもとづいて策定される。建物や設備，学食で提供する食事の安全性に関しても，関連する省庁の基準にしたがわなければならない。つまり，どのようなキャンパスや建物で，何をどのように教えるかのかなりの部分について，A大学は，監督省庁という外部組織の基準や指示にしたがわなければならない。A大学が自由に決められるところは，限られている。

　ここで，主語を「A大学」から「組織」に変えれば，もはや明らかであろう。組織は，外界に自らを開き，外界とのやりとりにもとづいて活動している。自ずから，何もかもが自分の思うとおりに行くとは限らず，外界の変動によって影響を受けることもある。このような，外界に開かれた存在としての組織のありようを，オープン・システムとしての組織という（Katz and Kahn 1966）。そして，そういった組織と外界との相互作用に着目して組織の活動を理論化したのが，本章で紹介する資源依存理論である。

　資源依存理論は，組織理論を専門とするJ. Pfeffer and G. R. Salancikによって体系化され，1978年に"The External Control of Organizations: A Resource Dependence Perspective"という著作にまとめられた。一度は絶版となったが，学術界からの強い要請をうけて2003年に再版の運びとなった名著である。

2　組織と資源

(1) 組織は資源を必要とする

　なぜ組織は外界に開かれているのか？　それは，組織が資源を外界から取り込み，それをもとにモノやサービスを作り出すことで活動しているからである。生物が,酸素や食物を外界から取り込んで生命を維持していることと似ている。

　組織が取り込む資源は，大きくふたつに分類される。物質的・人的資源と，社会的資源である。

(2) 物質的・人的資源

　A大学の例に戻ろう。A大学で教育活動を行う教員や，そこで学ぶ学生は，A大学の外側からやってくる。つまり，A大学が教育活動を行うために外界から取り込んだ資源である。職員も，雇われることによってA大学の外側からやってくる。そしてA大学は，飲食店や企業と提携して学食という機能を取り込み，掃除を請け負う会社と提携することによって清掃機能を取り込み，建設会社と提携することによって建物の建築やメンテナンスの機能を外部から取り込む。このような外側の組織との提携も，A大学が活動に必要な物質的・人的資源を調達する行為である。

　物質的・人的資源を確保するためには，資金が必要である。資金は，はじめは資本金として経営責任者が用意するかもしれないが，大学の活動を軌道に乗せるためには，教育を提供し，その対価として授業料を求め，さらに必要な補助金や寄付金を積み上げて資金とし，それをもって必要な資源を調達し……という循環を形成する必要がある。この資金もまた物質的資源のひとつであり，学生や卒業生，関連諸機関を通じて外界から取り込まれる。

(3) 社会的資源

　A大学が教育活動を順調に続けていくためには，物質的・人的資源に加えて，

教育機関としての信頼が必要である。このように目に見えず，手で触れることもできず，しかし確実に組織の外側にあって，組織にとってはそれなしには存続できないような資源を，社会的資源という。

　学生やその保護者にとっては，この世に存在する大学すべての教育水準や運営を自分たちで調べ，どの大学が信頼に値するかを判断することは難しい。そこで多くの国では，教育活動を監督する立場にある行政の担当部署（日本であれば文部科学省）が一定の基準を設けて，それをクリアした大学を四年制大学として認定し，所定の課程を修了した学生には「学士」という称号を授与することができる資格を与えている。そのおかげで学生や保護者は，その基準をクリアしている大学リストの中から進学先を決めることができる。これをA大学の側から読み解くと，A大学は日本の大学として，国内における信頼という社会的資源を獲得するために文部科学省の基準に従う，と説明することができる。

　評判も，社会的資源のひとつである。社会には，大学とはこういうものだと広く共有されているイメージや期待があり，これらに適切に応えることが重要である。たとえばここ数年はグローバル化が強調され，国際的に活躍できるような人材を育成するための教育が重視されるようになった。そこでA大学は，英語開講科目を増やしたり，海外で学位を取得した教員を積極的に雇用するなどの努力を始める。また，近年のコロナ禍では，大学はオンラインでの授業を行わざるを得なくなったのだが，そのようなときにもA大学は，学生がIT環境を確保できるように，業者と提携して学生がパソコンを一般よりも安く購入できるような仕組みを整えたり，学生に応援金を支給したり，また，教員の側にも，オンライン授業を円滑に行うことができるようにさまざまなサポートを提供する。A大学は，このような社会の変化に的確かつ迅速に対応することによって学生の学びの過程を守り，さらにその質を高めることによって，評判を維持する。加えて，国際化やオンライン授業などに対応するための新しい大学のあり方を提案し，他の大学がA大学の方法を取り入れるようになれば，A大学は日本国内の大学のリーダー的存在として，評判を高めるだろう。

　ここでのポイントは，信頼や評判という社会的資源もまた，組織の外側から
やってくるということである。Ａ大学を四年制大学として認めるかどうかは，
Ａ大学の外側にある文部科学省が判断する。国際化や授業のオンライン化に
向けてのＡ大学の努力が十分であるかどうかは，学生や保護者，さらには一
般社会が評価する。つまり，信頼や評判を決めるのは，Ａ大学以外の組織や
人である。社会的信頼の源もまた，外界に存在するのである。

　ちなみに，ここでは社会的資源の説明として信頼や評判に着目したが，それ
以外にも社会的資源には多くの事柄が当てはまる。たとえば，筆者には中学1
年生以来の友人が数人いるのだが，その後の人生は互いに異なり，この間に形
成された性格や価値観の隔たりも大きい。しかし，「かけがえのない」存在で
ある。この「かけがえのなさ」は，一緒に過ごしてきた年月が，親よりも配偶
者よりも子どもよりも長いという歴史による。そして，この時間もしくは歴史
は，筆者の友人関係にとっての社会的資源である。組織も同様である。当面の
利害や損得とは別に，「長いお付き合いだから」というだけの理由で，組織が
互いを支え合ったり助け合うことは少なくない。他に，いわゆるコネや利害の
共有も，社会的資源になる場合が多いだろう。

　社会的資源には，負の側面もある。専制政治を敷く暴君のいる国では，多く
の人が暴君に否定的な感情をもちながら，組織活動においてはさからうことが
できない。結果として，暴君に有利な行政組織ができあがり，企業は暴君の利
益になるような行動をすることで発展し，地域でも暴君を応援するような住民
組織が形成される。このようなことが可能であるのは，暴君に対する恐怖心（さ
からったら大変なことになるという信念）が国民の間に広く共有されているからで
あり，この恐怖心は，暴君にとっての社会的資源といえるだろう。

⑷ 物質的・人的資源と社会的資源の関係

　物質的・人的資源を調達するためにしなければならないことと，社会的資源
を確保するためにしなければならないことは，往々にして矛盾する。

　Ａ大学が収益（＝お金）という物質的資源を手っとり早く獲得するためには，

教員の人数を必要最小限に抑え，各教員にできるだけ多くの人数の学生の指導を担当させればよい。しかしそれでは，質の高い教育を行うことが難しくなる。つまり，収益（物質的資源）を追い求めるあまり，各教員に多くの学生を担当させると，A大学は教育機関としての評判（社会的資源）を落とすことになる。とはいえ，評判（社会的資源）を追求するあまり教員の人数を増やしすぎると，今度は赤字になって（物質的資源の不足），経営が成り立たない。

　一般に，教育機関や医療機関，社会福祉関連機関などの公益組織は，社会的資源の重要性が高いといわれる（Galaskiewicz and Bielefeld 2001）。これらの組織の主な収入は，補助金や各種の公的資金や民間寄付などであり，このような資金を得るためには，信頼や評判が重要だからである。とはいえ，社会的資源の重要性は，営利の企業においても変わらない。たとえば企業は，販売した商品やサービスに問題が見つかった場合に，商品を回収したり，損害を賠償したりする。そういった事故対応は収益を生み出さないどころか，莫大な経費と手間がかかるにも関わらず，である。もちろん，そのような対応が消費者保護法等で求められていることも事実だが，多くの企業は，経済的な犠牲をはらってでも法律で求められる以上の手厚い対応をする。信頼や評判やイメージという社会的資源を守るためである。

　物質的・人的資源と社会的資源は，相乗効果を生み出すこともある。

　図1-1を見ていただきたい。A大学の場合，教員ひとりが担当する学生数を一定に抑え，質の高い教育を行って学生の満足度があがり（①），そして卒業生が社会で目覚ましく活躍すれば，A大学の評判があがる（②）。そうすれば，より優秀な学生や教員，職員がA大学に集まり，A大学に出資したり，A大学と提携して共同研究を行いたいと考える企業も増えるだろう（③）。そして，集まった物質的・人的資源を用いて，さらなる経費と手間をかけることができ（④），その結果として，さらなる成果をあげることができるだろう（⑤）。

　企業の場合も同様である。万一の事故がおきたときの対応が適切であれば，その企業の商品やサービスに対する信頼や安心感が高まる。そうすれば，より多くの消費者がその企業の商品やサービスを購入し，その企業の収益は増すだ

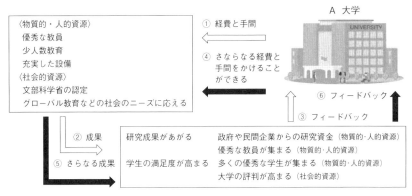

図 1 - 1　物質的・人的資源と社会的資源の循環

ろう。さらに，そのような企業に勤めたいと望む優秀な人材や，その企業と取引をしたいという他の組織も増えるだろう。成功している組織は，このような物質的・人的資源と社会的資源との良好な循環を形成していると言い換えてもいいだろう。

3　資源依存理論が描く組織の風景

(1) 資源依存理論を通して浮かびあがる組織の課題

　このように組織は，資源を外界から調達する。したがって組織の活動は，資源がどのぐらい豊富に存在するかという外界の条件に大きく規定される。これを説明するにあたり，資源依存理論をまとめた研究者のひとりであるプフェッファーはその著書において，自身が教鞭をとっていた米国イリノイ州の大学での学生とのやりとりを紹介している。

　この学生は，キャンパス近郊のハンバーガー・ショップでアルバイトをしていたのだが，その店でのアルバイト・スタッフの扱いがあまりに不当に思われたので，これをテーマとするレポートを作成しようと，調査を始めた。アルバイト・スタッフの時給は極めて低く，またアルバイト・スタッフの健康や大学での勉強の都合などもおかまいなしで，早朝や夜間にシフトを入れられること

もしばしばだった。アルバイト・スタッフは常に不満を募らせ，自分たちの上司にあたる常勤スタッフの悪口を言い，ハンバーガーやその他の食品を盗み食いしてうっぷんをはらしていた。この状態を改善する方策として，学生が提出したレポートは，次のようなものだった。

① アルバイト・スタッフは，ハンバーガー・ショップでの任務を，退屈な汚れ仕事とみなしている。しかし実際は，意義のある，魅力的な仕事であるという理解を促す。

② アルバイト・スタッフに目標を持たせる。「おいしいハンバーガーを大学生に！」「同じチェーン店の中での一番になろう！」など。

③ マネジメント・システムを改善して，アルバイト・スタッフにとって働きやすい環境を整える。

このレポートを見たプフェッファー先生は，学生に質問をする。

「このハンバーガー・ショップの経営者が，このような状態を長年放置してきたのは，どうしてだと思いますか？」

学生は，次のように答える。

「収益をあげることしか，考えていないからです。」

実際にその店舗は，非常な収益をあげていた。プフェッファー先生は，さらに学生に質問をする。

「では，アルバイト・スタッフは，どうしてこのように不当な扱いを甘んじて受けているのでしょう？　いやなら，いつだってやめることができるでしょう。」

すると学生は次のように述べた。

「学生は，アルバイトをしてお金を稼がなければなりません。でも，この大学街では，学生がアルバイトをできるような場所はとても限られています。だから，簡単に辞めるわけにはいかないのです。」

プフェッファー先生は，このケースの分析においてこそ，資源依存理論の視点が有効だという。重要なのは，このハンバーガー・ショップのロケーション

である。アルバイトを求める学生が供給過剰の状態にある。言い換えると，学生アルバイトという資源がありあまるほど存在している。アルバイト・スタッフの代わりがいくらでもいる以上，ハンバーガー・ショップがアルバイト・スタッフの待遇を改善して，スタッフをひきとめなければならない理由は，無きに等しい。結果として，雇い主（この場合はハンバーガー・ショップの経営者）と労働者（この場合は，学生アルバイト）の力関係は，労働者側が圧倒的に不利になる。つまり，労使関係や労働者の待遇という組織内の事柄が，組織の外側の要因……この場合は，ハンバーガー・ショップが大学街にあって，学生アルバイトという資源が豊富に存在するという条件……に規定されることを，この事例は示している。

(2) 外界は不確実性に満ちている

　とはいえ，外界は，不確実性に満ちている。

　たとえば先の大学街のハンバーガー・ショップの場合，ライバル店がすぐ近くに出店をしたらどうなるだろう。放っておいても学生が次々とハンバーガーを食べにくる状態であれば，経営努力もほとんど必要ない。しかしライバル店との競争が始まれば，味やメニュー構成，サービス，価格においてさまざまな工夫が求められる。そしてその工夫を実現するためには，優秀なフロア・マネージャーや店員が必要である。こうしてアルバイト・スタッフを含む労働者の待遇も，改善せざるを得ないだろう。

　このように組織の外側では，予測不能なさまざまなことが起こる。万一予測できたとしても，自分たちにはどうすることもできない場合が多い。組織にとって，外界は不確実性に満ちている。

(3) 組織は外界の一部しか知りえない

　組織は，さらに大きな社会の動向にも影響を受ける。近年の健康ブームにより，多くの消費者がハンバーガー・ショップを避けて，野菜を多く使ったサンドイッチやサラダを売る店を利用するようになっている。そこでハンバーガー・

ショップは,「ハンバーガー&フライド・ポテト&炭酸飲料」という伝統のセット・メニューに加えて, サラダなどのサイド・メニューを充実させつつある。また, 肉を使わない○○バーガーというメニューも開発されている。ハンバーガーはもともと牛肉をパンではさんだ食材を意味するのであって, 肉を使わない○○バーガーを売ることは, ハンバーガー・ショップにとっては自己否定に等しい。しかし, 外界の変化は時として, それほどの適応を組織に求める。また, これに応じて「ハンバーガー」という言葉の意味も拡大される。今や, ハンバーガー特有の形のパンが使用されていれば, 何が間にはさまれていても, その食品は「ハンバーガー」というカテゴリーに分類されるようになりつつある。健康ブームという外界の変化に適応するためのハンバーガー・ショップの行動変容によって,「ハンバーガー」という言葉の意味さえも変わったのである。

　このような外界について, 組織がそのすべてを把握することはできない。このことはさらに, 外界が実は主観的に構成されたものであることを意味する。ハンバーガー・ショップは当面, 自分たちのハンバーガー販売活動に関わる事柄にアンテナを張り, そこでの出来事に対応する。つまり, ハンバーガー・ショップにとっての外界とは, ハンバーガー・ショップが自分たちに関わりがあると認識した範囲のことなのであり, 同じ空間にあっても, 他の組織には異なる外界が存在する。

　このように考えると, どのような前提をもって外界を認識するかが重要であることがわかる。もしイリノイ州のハンバーガー・ショップが, 米国でも猛威をふるったコロナについて,「病気は医療上のことであって, 飲食店には関係ない」という感覚のアンテナを張っているなら, コロナのことは外界に存在しないに等しい。そして感染拡大にともなって飲食店の消毒や営業制限などが求められるようになれば, そのハンバーガー・ショップにとってはまさに, 晴天の霹靂として体験されるだろう。一方, 近くで営業するライバル店が異なる感度を持ってアンテナを張り, コロナ感染がいずれ飲食店の営業にも影響することを見通していれば, テイクアウト・メニューの充実などの対応をいち早く始めることができる。そうしてハンバーガー・ショップ間の競争を制すれば,

コロナの感染は，ライバル店に差をつける好機として体験されるだろう。

　このように外界とは，だれにとっても等しく存在するものではなく，その影響も，組織によって異なり，その異なりの要因は，アンテナの感度による。「外界は主観的に構成される」と説明される理由が，ここにある。

(4) 組織は外界に制約されている

　「制約」という言葉は一般に，否定的な印象をもってうけとめられる。しかし，資源依存理論をまとめたプフェッファー先生は，再び大学生を例にとって次のように説明する。

　大学では多くの場合,学科ごとに授業の履修に関するルールが決まっていて，必修科目や選択必修科目，自由選択科目それぞれの単位を一定数取得しなければ卒業できない。また,所属する学科や学部の境界を越えて履修できる科目と，できない科目がある。これが「制約」である。もしこのような「制約」がなかったら，学生は数百，規模の大きい大学であれば千以上存在するさまざまな科目から，自分の関心に応じて履修する科目を選択して時間割を組み立てなくてはならない。そしてそのような科目の履修の仕方で，自分の知識や理解が，自分の望む専門領域での卒業証書を得られる水準に達するのかどうか，その保証はまったくないのである。このように考えると,大学が履修に関して設定する「制約」は，学生が一定の時間内に着実に目的を達成するための方向づけをしてく

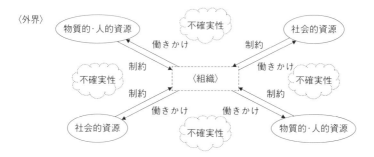

図1-2　資源依存理論における組織の風景

れていることがわかる。

　組織にとっての制約も，同様である。本章の前半で述べたように，大学は，大学としてすべきこととしてはいけないことをめぐる法律や社会的期待に制約され，それゆえに大学は大学らしい行動をする。他の組織にも同様の制約があり，それによって病院は病院らしく，飲食店は飲食店らしく，行政は行政らしく行動し，このような役割分担と分業によって，私たちの暮らしや社会の安定が保たれている。

　とはいえ，制約は運命のように定められたもので，変更したり取り消したりできないというものでは決してない。今存在する制約は，そういった制約が必要だと考える社会的な合意が広く存在したからである。したがって，時代や状況が変わり（外界は不確実である！），既存の制約が意味を成さなくなったり，その制約ゆえに不都合が生じるようになったら，それらは変更される。意図的に制約を変えようとするなら，制約変更についての社会的支持を得ることや，その制約の変更ゆえに得をしたり，損をしたりするなどの利害関係にある組織や人々との調整が必要になる。

4　資源依存理論における組織マネジメントのあり方

　以上のような組織の理解にもとづき，資源依存理論では，組織マネジメントのポイントとして，次の事柄を指摘する。

① 外界にはたらきかける

　組織は資源を安定的に確保したい。そのためには，外界の不確実性を，できる限り取り除きたい。そしてそのために，組織が必要とする資源の獲得過程に関わる自分たち以外の組織にはたらきかけて，イレギュラーな出来事をコントロールすることに努める。また，もし組織の活動に著しい影響を及ぼしている制約があるなら，その制約をできる限り緩和したい。その方法は，制約変更についての社会的支持を得ることや，その制約の変更に利害を持つ組織や人々との調整の中にある。これらはいずれも，組織の側から外界にはたらきかけ，外

界を変えようとする試みである。

② 外界に対するアンテナ機能と判断力を磨く

　外界に有効に働きかけるためには，必要な情報を的確かつタイムリーに把握し，解釈し，対応に結びつける必要がある。しかし，それを理屈で理解したからといって，実行できるわけではない。多くの組織が相変わらず，外界の予想外の出来事に驚かされ，大きく影響され，対応に腐心する。外界の動きを十分に察知することは決して容易ではなく，ましてやそこに影響力を発揮することは困難を極める。そのような中でも，可能な限りの情報を収集・分析し，適切に対応するための不断の努力が求められる。

③ 制約にしたがいつつ，制約を超える

　組織は制約ゆえに，固有の機能を発揮し，社会に貢献すると先に述べた。しかしこのことは，大学，病院，飲食店 …… というカテゴリーの中では，それぞれが互いに似通ってくることをも意味する。そしてそれは，個々の組織にとっての利害と矛盾する。組織は，必要とする物質的・人的資源を獲得するために，同じような資源を必要とする同業の組織と競争状態にあるので，横ならびの状態を脱して有利な立場に立ちたい。そのために，従来の制約から一歩踏み出して他の組織とは変わったことをしたい。これを変革，イノベーションという。

　しかし，変革やイノベーションを追求するあまり，その行動が一般通念を大きく逸脱すると，その組織は社会の秩序を乱す存在として社会的支持を失う。つまり，社会的資源の獲得が困難になる。

　資源依存理論は，このような異なる要請の間のバランスをとることに注意を喚起する。制約にしたがいつつ，制約から必要最小限の範囲で踏み出し，同じカテゴリーに属する組織間での資源獲得競争において有利な立場を得る。そのためのバランス感覚が，重視される。

5　資源依存理論の展開

以上のように，資源依存理論の組織観は，外界との相互作用にもとづいて組み立てられている。第1部の第2章以降では，外界へのはたらきかけと，外界に対するアンテナ機能と判断力の視点から，この理論について理解を深めていく。

引用文献　　　　　　　　　　　　　　　　　　　　　　　　　　　Reference ●

Galaskiewicz, J. and W. Bielefeld, 2001, *Organizational Theory and The Non-Profit Form: Report Series* No. 2 , Center for Civil Society.

Katz, D. and R.L. Kahn, 1966, *The Social Psychology of Organizations*, Wiley.

Pfeffer, J. and G.R. Salancik, 1978, *The External Cntrol of Organizations: A Resource Dependence Perspective*, Stanford Business Classics.

第 **2** 章
外界のイレギュラーな出来事を
コントロールする

Key words：組織間関係（inter-organizational relationship），調整（coordination），合併（merger），影響力（effectiveness）

1　コントロールするということ

　コントロールという言葉には，他者を上からおさえつけるようにして自身が有利に生き残る戦略というイメージがある。しかし，組織が必要とする資源を獲得するために外界をコントロールする方法は，それとは大きく異なっている。なぜなら，イレギュラーな出来事を引き起こすのは自分たち以外の組織なのだが，資源をもたらしてくれるのも，自分たち以外の組織だからである。したがって，いくらイレギュラーな出来事が嫌だからといって，自分たち以外の組織の行動を無闇におさえつけて，敵を増やしてしまうような事態は避けたい。むしろ，他の組織とは友好的な関係を築いて，資源を安定的に獲得できるような体制を整えたい。このために組織は，戦略として，他の組織の立場を配慮し，譲歩し，同業の組織同士でサバイバル・ルールを共有して互いの共存をはかり，時には自らの自立・自律をあきらめて他の組織と合体をする。外界をコントロールするために，組織間関係の調整をするのである。

　この章では，そのような組織間関係の調整方法について考える。また，そのような調整を自分たちの組織にとって有利なかたちですすめるためには，生産性や効率性の追求とは異なるパフォーマンス，すなわち，影響力がカギになることを示す。

2　組織間関係の調整

(1) 自分たち以外の組織が資源をもたらすという現実

　第1章で例にあげたA大学のある町には，パン屋がある。本章では，この
パン屋を例に考えてみよう。

　パン屋は，小麦粉やバターなどの材料を仕入れてパンを焼いて売り，その売
り上げを資金として，再び材料を仕入れる。この町のパン屋にとっての一番重
要な物質的資源は，2日に1回，町で唯一の小学校に給食用の食パン100枚を
納品することで得られる収益である。ところが，町に新たに老人ホームができ
て，やはり1日あたり食パン100枚が必要なのだが，それが毎日なのか，3日
に1回なのかは定まっていない。パン屋としては，1日当たり最大で食パンを
100枚焼くだけの人手と機器を備えている。売る相手が小学校であっても老人
ホームであっても，2日に1回，食パンが100枚売れれば，売り上げという資
源は同じように得られる。したがって，同じように食パンを焼き続け，先に注
文が来たところに食パン100枚を納品する。

　一方小学校にとっては，今までは食パンを，2日に1回，安定的に獲得でき
ていたのに，老人ホームが食パンを先に買ってしまった日にはそれを入手でき
なくなった。小学校にとって食パンは，給食運営にとって必要な資源なのだが，
その資源獲得の安定性が崩された。そこでこの小学校は，隣町のパン屋と新た
に契約を結び，食パンを100枚，必要とする日に必ず入手できる体制を整える。

　パン屋にとっては，今度は小学校との取引を失い，残った老人ホームからは
いつ注文が来るかわからなくなってしまった。つまり，売り上げという資源を，
安定的に獲得していた状態が崩れた。2日に1回，食パン100枚を焼いても売
れるかどうかわからないわけであるから，1日に製造する食パンの枚数を減ら
す。食パンの売れ残りを廃棄することが続けば，パン屋は閉店に至る可能性も
ある。こうして，老人ホームにとっても，必要な食パン100枚を確保すること
は不確実になる。

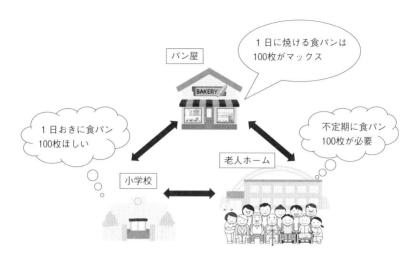

図1-3　組織間関係の調整が必要

　以上のような状態を打開する方策が，組織間関係の調整である。

(2) 組織間関係の調整方法
配慮と譲歩

　組織間関係の調整には，いくつかの方法がある。ひとつは，配慮と譲歩にもとづく共存をはかることである。

　パン屋の店主は，老人ホームに出かけていって，次のように提案する。「小学校が1日おきに食パンを必要とすることはわかっているのだから，老人ホームはその日を避けて1か月分のメニューを作成していただけないでしょうか。そうすれば私どもパン屋は，こちらで食パン100枚を必要とする日に確実に，食パンをおとどけすることができます。」

　老人ホームがこのアイデアに応じてくれたら，パン屋は今度は小学校に出かけって行って，次のような提案をする。「隣町のパン屋との取引には，手間も時間もかかるでしょう。老人ホームの方では，小学校が食パンを給食に使う日を避けて食パンのメニューを組んでもいいと言ってくれています。今後は，以

前のように2日1回，必ず食パンを100枚，納品することができます。ですから，もう一度，私どもに食パンを納入させてください。」

こうすることによってパン屋は，外界（この場合は小学校と老人ホーム）に働きかけ，売り上げという資金獲得に関わる不確実性を制御する。さらに，小学校と老人ホームの双方に食パンを100枚ずつ納品するのであるから，2日に1回，食パンを小学校のみに納品していた時よりも多くの食パンを売ることができるというオマケつきである。

サバイバル・ルールの共有

そうこうするうちに，近年の少子高齢化がこの町でも進み，小学校に通う子どもの数が減少を始める。一方，老人ホームへの入居者数は増え，常に満室である。老人ホームには休みという日がないので，パン屋も「休みは無し」の日々である。対照的に，小学校のみに食パンをおさめていた隣町のパン屋は，子どもの数の減少によって注文が減り，経営があやしくなっているようである。

そこでパン屋は，隣町のパン屋に，次のような提案をする。「自分たちは休日が欲しいので，その時だけ，こちらの町の老人ホームに食パンを卸していただけませんか。老人ホームからの了解は，私たちが必ずとりつけます。」こうしてパン屋は，休日を確保する。売り上げが減少しつつある隣町のパン屋は，喜ぶだろう。

あるいは，次のような提案をしてもよい。「これから先は，小学校にパンを売るだけではお互いに経営はもたないでしょう。ついては，老人ホームにパンを売ることができるように，老人ホーム用のレシピと納品のノウハウを教えてあげましょう。そうして，あなたの町の小学校と老人ホームにパンを売ってはいかがですか。そのかわり，私たちの町の小学校や老人ホームは，私どもに担当させてください。」こうして隣の町のパン屋とは，自分の町だけで食パンを売るというルールを共有することで互いのすみわけを図り，それぞれのマーケットを確保する。競争が制御されるので，売り上げを確実に得ることができる。

　可能性だけを考えれば，パン屋は隣町の老人ホームに進出することもできるはずである。そうして隣町のパン屋を駆逐し，自分の町と隣町の小学校と老人ホームすべてに食パンを売ることができるかもしれない。しかし，このような無限の拡大を追求するかわりに，競争するはずの同業者が，あらかじめ話し合って協定を結び，互いのテリトリーを確保して共存することは，決して珍しくない。公共工事などの競争入札においてこのようなルールを共有して不正に利益を獲得すれば，その行為は談合とされ，時に処罰の対象となる。そしてそのような談合事例が，日々，マスメディアを賑わせている。組織はそれほど不確実性や先の読めない競争を好まず，互いの共存による「安定」を選ぶということだろう。

(3) 合併による組織間関係の調整
業界内組織との合併

　もう1つの方法が，自分たち以外の組織との合体である。これを，合併という。

　少子高齢化が今後も進むことは，目に見えている。長期的な視点にたてば，パン屋にとって，小学校よりも老人ホームとの取引がサバイバルのカギとなろう。そうであるなら，老人ホーム専属のパン屋になってしまった方がいいかもしれない。老人ホームとの合併である。老人ホーム専属のパン屋になることには，多くのメリットが見込まれる。まず，パンは，老人ホームの厨房で焼く。厨房設備や水道光熱費を自分で負担する必要はなく，それらのメンテナンスも老人ホームにおまかせである。小学校には引き続き，必要とする食パンを届ける。老人ホームの入り口にちょっとしたコーナーを設けて，多めに焼いておいたパンを町の住民に売れば，小売りの売り上げも今までと変わらない。町の人がパンを買いに立ち寄るので，閉鎖的になりがちな老人ホームには活気も出るだろう。このような，異なる業種の組織が合併し，互いの関係を緊密なものとすることで，双方の利益の実現をはかる合併を，垂直統合という。

同業組織との合併

　合併には，もう 1 つの方法がある。パン屋同士の合体である。この町と隣町のパン屋が合併すれば，両町の小学校および老人ホームのすべてを一手に顧客とし，それぞれのニーズにあった食パンを納品することができる。経営を一体化することで無駄を省き，コストも削減できるだろう。ふたつの町のマーケットを独占するのであるから，小学校や老人ホームとの交渉を強気に進めることができ，パン屋にとって有利な価格や方法で食パンを納品することも可能になるだろう。このように，同業者同士が合併し，競争しあわなければならない事態を避けるとともに，自分たちの活動をより有利に展開することができるようにするための合併を，水平統合という。

異なる業界組織との合併

　さて，このパン屋は，なかなかの心配性である。配慮や情報による共存や，隣町のパン屋と合体やサバイバル・ルールの共有をはかったり，あるいは自立・自律をあきらめて老人ホームや隣町のパン屋と合体したところで，顧客が，この田舎エリアに限定されていることに変わりはない。したがって，子どもの数がさらに減少し，高齢化が進めば，この町や隣町の住民の減少とともにパン屋の存続も危うくなるだろう。

　そこでパン屋は，IT 関係の会社との合併を考える。IT 事業など，縁もゆかりもない業態であるから，パン屋の社員は猛反対である。しかし，パン屋の社長は次のようなビジョンを示す。「IT の会社と合併し，そのノウハウを使ってパンの注文をオンラインで受けることができれば，人口の多い市中にある飲食店や企業の食堂などの新しい顧客を開拓できる。そうすれば，このまま少子高齢化が進んでも，我がパン屋は生き残ることができる。こうして我がパン屋は，時代の変化に耐えるのだ！」

　このような，同業でも取引関係にもない組織と合併することによって活動領域を拡大し，組織としての自立性を高めるための合併を，多様化という。パン屋が IT 関係の会社と合併することは，小学校や老人ホームどころか，たとえ

町全体の存続が危うくなってもパン屋だけは生き延びることができるようにしておくための工夫である。つまり，老人ホームや小学校，町の住民という「特定の有力な組織」への依存を相対的に小さくする（抑制する）ことによって，それらの組織がいなくなった時のリスクに備えるのである。

(4) 組織間関係の調整ロジック

ここまでの検討で，次のようなロジックを確認することができる。

・組織が活動するためには資源を安定的に獲得する必要がある
・その資源は、自分たち以外の組織によってもたらされる
・自分たち以外の組織は、予想外の行動をしたり、自分たちの利益に反する行動をすることがある
・そこで資源を安定的に獲得するために、それら組織の行動を予測可能なものとしたい
・そのために、自分たちが必要とする資源の調達に関わる組織との関係を調整する

3　組織と組織のパワー・ゲーム

(1) 組織間関係の調整を有利に進める力

ここでひとつの疑問が生じる。自分たちの組織のために調整や合併をもちかけて，相手の組織は言う通りにしてくれるだろうか？　そうとは限らないはずである。なぜなら，相手の組織にとってみれば，調整と称して求められることは，自分たちにとっての不利益と感じられる場合があるからだ。先のパン屋の例であれば，パンを売るのは自分の町の中だけにしようという調整は，隣町のパン屋にとっては競争力を生かして発展するチャンスを奪われることでもある。合併が，合併される側の組織にとっては「乗っ取られる」に等しいこともある。

　この様に，組織間関係の調整は，きれいごとではない。それぞれの組織が，自分たちにとって有利なかたちでの調整を追求するのであるから，ここに，組織同士のパワー・ゲーム，つまり，「力」対「力」の構図が浮かび上がる。

(2) 組織の力関係は資源で決まる

　では，組織と組織の力関係は，どのようにして定まってくるのだろうか？それもまた，資源によって定められるというのが，資源依存理論の立場である。組織と組織の力関係を定めるポイントは，**表1-1**に示す10項目にまとめられる。

表1-1　組織と組織の力関係を定める10のポイント

① 　組織Aが提供するものを、組織Bが求めている。
② 　組織Aは、その求めに応じることで組織Bから資源を得る。
③ 　組織Aが組織Bから得る資源は、組織Aにとって重要である。
④ 　組織Aは組織B以外からはその資源を得ることはできず、代わりになる他の資源も存在しない。かつ、組織Bは、組織Aにとって重要なその資源の提供方法や使途をコントロールしている。
⑤ 　一方組織Aは、組織Bにとって重要な資源の流れをコントロールできない。
⑥ 　組織Aは、組織Bがどのような資源をどの組織に、どのような方法で求めるかについてコントロールすることはできない。
⑦ 　組織Aの行動や組織Aが提供するものが組織Bの求めるところにかなっているかどうかについて、客観的な判断が可能である。
⑧ 　組織Aは、組織Bの求めに応じる能力がある。
⑨ 　組織Aはこのような環境をサバイバルしたいと思っている。
⑩ 　組織Aと組織Bの利害が一致することについて、それ以外の組織が重大な不都合を感じることはない。

　では，前節で紹介したパン屋と小学校の配慮と情報による調整がどのように進むかを，この10項目にしたがってチェックしてみよう。

　ポイント①：「組織A＝パン屋」が提供する食パンを，「組織B＝小学校」が求めている。
　ポイント②：「組織A＝パン屋」は，「組織B＝小学校」の求めに応じることで

　　　　　　　「組織B＝小学校」から「資源＝現金収入」を得る。

ポイント③：「組織A＝パン屋」は地元住民を対象とする小売りも行っているが，
　　　　　　　何といっても食パン100枚を買ってくれる「組織B＝小学校」か
　　　　　　　らの現金収入は，全収入の中でも大きな割合を占め，かつそれが
　　　　　　　必ず2日に1回得られるという点で安定もしている。つまり，「組
　　　　　　　織B＝小学校」から得る「資源＝現金収入」は，「組織A＝パン屋」
　　　　　　　にとって重要である。

ポイント④：「組織A＝パン屋」は，一度は老人ホームに食パンを売ってみたが，
　　　　　　　「資源＝現金収入」の獲得はかえって不安定になり，「組織B＝小
　　　　　　　学校」との取引の重要性に改めて気づいた。しかし「組織B＝小
　　　　　　　学校」はこの間に，食パンを隣町のパン屋から仕入れることにし
　　　　　　　てしまった。「組織B＝小学校」がどこから食パンを仕入れるかは，
　　　　　　　「組織B＝小学校」が自由に決められる。つまり，「組織B＝小学
　　　　　　　校」は，「組織A＝パン屋」にとって重要な「資源＝現金収入」
　　　　　　　を誰に提供するかをコントロールしている。

ポイント⑤：一方「組織B＝小学校」にとっての資源は，食パンである。そし
　　　　　　　てそれを提供できるのは，「組織A＝パン屋」だけであった。し
　　　　　　　かし隣町のパン屋の出現により，食パンの新たな流通経路が形成
　　　　　　　された。「組織A＝パン屋」は，「組織B＝小学校」にとっての資
　　　　　　　源の流れ，すなわち食パンの流通ルートをコントロールすること
　　　　　　　ができない。

ポイント⑥：そして，「組織A＝パン屋」は，「組織B＝小学校」が隣町のパン
　　　　　　　屋から食パンを仕入れることを止めることはできない。

ポイント⑦：「組織B＝小学校」は，1日おきに食パン100枚を求めている。「組
　　　　　　　織A＝パン屋」が，1日おきに食パン100枚を確実に納品してい
　　　　　　　るかどうかは，客観的に判断が可能である。

ポイント⑧：そして「組織A＝パン屋」には，1日おきに食パン100枚を確実
　　　　　　　に「組織B＝小学校」に納品する能力がある。

ポイント⑨：「組織 A ＝パン屋」は，現在の状況を改善し，パン屋の営業を続
　　　　　　けていきたいと思っている。

ポイント⑩：そこで「組織 A ＝パン屋」は，「組織 B ＝小学校」と老人ホーム
　　　　　　のスケジュールの調整を始める。老人ホームは，「組織 B ＝小学校」
　　　　　　の都合にあわせて食事メニューをあらかじめ決めておくことに不
　　　　　　都合を感じない。また，「組織 B ＝小学校」が食パンの仕入れ先
　　　　　　を「組織 A ＝パン屋」に切り替えても，そこのことで隣町のパン
　　　　　　屋との間に大きなトラブルが生じる心配はない。つまり，「組織
　　　　　　A ＝パン屋」と「組織 B ＝小学校」との利害が一致しても，それ
　　　　　　について老人ホームや隣町のパン屋が重大な不都合を感じること
　　　　　　はない。

　こうして，「組織 A ＝パン屋」と「組織 B ＝小学校」，さらに老人ホームと
隣町のパン屋を加えた組織の間で，配慮と譲歩にもとづく関係の調整がなされ
る。

　では，合併による調整はどのように進むだろうか。同じく，**表 1 - 1** の10項
目にしたがってチェックしてみよう。

ポイント①：「組織 A ＝パン屋」が提供する食パンを，「組織 B ＝老人ホーム」
　　　　　　が求めている。

ポイント②：「組織 A ＝パン屋」は，「組織 B ＝老人ホーム」の求めに応じるこ
　　　　　　とで「組織 B ＝老人ホーム」から「資源＝現金収入」を得る。

ポイント③：少子高齢化が進んで小学校に通う子どもの人数も減少し，小学校
　　　　　　に収める食パンの枚数も減りつつある。将来を見据えると，「組
　　　　　　織 A ＝パン屋」にとって「組織 B ＝老人ホーム」との取引が重要
　　　　　　であると思われる。

ポイント④：少子化によって小学校に納品する食パンの枚数は減り続け，「組

　　　　織A＝パン屋」は必要とする「資源＝現金収入」の大半を，「組
　　　　織B＝老人ホーム」との取引に頼らざるを得ない。しかし，「組
　　　　織B＝老人ホーム」は，隣町のパン屋から食パンを仕入れること
　　　　もできる。つまり，「組織A＝パン屋」にとっては，「組織B＝老
　　　　人ホーム」以外から「資源＝現金収入」を得ることはできず，代
　　　　わりの取引先も存在しない。かつ，「組織B＝老人ホーム」が食
　　　　パンをどこから仕入れるかは「組織B＝老人ホーム」の自由であ
　　　　る。

ポイント⑤：一方「組織B＝老人ホーム」にとっての資源は，食パンである。
　　　　その資源を提供できるのは，「組織A＝パン屋」だけであった。
　　　　しかし，隣町のパン屋がさらに進出をして，小学校のみではなく
　　　　老人ホームにも食パンを卸すようになるかもしれない。つまり「組
　　　　織A＝パン屋」は，「組織B＝老人ホーム」にとっての資源の流れ，
　　　　すなわち食パンの流通ルートをコントロールすることができな
　　　　い。

ポイント⑥：そして「組織A＝パン屋」は，「組織B＝老人ホーム」が隣町の
　　　　パン屋から食パンを仕入れることを止めることはできない。

ポイント⑦：「組織B＝老人ホーム」は，不定期ながら食パン100枚を求めて
　　　　いる。「組織A＝パン屋」が，そのときに食パン100枚を確実に
　　　　納品しているかどうかは，客観的に判断が可能である。

ポイント⑧：そして「組織A＝パン屋」には，必要とされるときに食パン100
　　　　枚を「組織B＝老人ホーム」に納品する能力がある。

ポイント⑨：「組織A＝パン屋」は，少子高齢化と隣町のパン屋との競争状態
　　　　をサバイバルし，パン屋の営業を続けていきたいと思っている。

ポイント⑩：そこで「組織A＝パン屋」は，「組織B＝老人ホーム」との合併
　　　　を求める。合併後も「組織A＝パン屋」は小学校に食パンを卸す
　　　　ので，小学校は「組織A＝パン屋」と「組織B＝老人ホーム」と
　　　　の合併に不都合を感じない。また，この合併を，隣町のパン屋が

止めることはできない。つまり，「組織A＝パン屋」と「組織B
＝老人ホーム」との利害が一致しても，他の組織が重大な不都合
を生じさせることはない。

こうして，「組織A＝パン屋」と「組織B＝老人ホーム」との合併が実現す
る。

4　仕組みを変える

以上のような組織間関係の調整が，いつも有効に作用するとは限らない。そ
の理由は，組織がオープン・システムであることによる。第1章の冒頭におい
て，A大学の活動に多くの組織が関わっていることを示したが，大学に限らず，
現代社会においては多くの組織が互いに複雑に関わりつつ，それぞれの活動を
行っている。そして近年は社会変化のスピードも速く，その都度，ネットワー
クに関わるそれぞれの組織の利害も変化する。そうしてネットワークに関わる
組織のひとつでも違う行動をとり始めると，その影響は，さざ波のようにネッ
トワーク全体に広がり，調整したはずの組織間関係が変わってしまう。もはや
再調整はできない，という場合もあるだろう。

そこで，組織が資源を安定的に確保するためのもうひとつの方法が注目され
る。組織が活動する場の仕組みそのものを，自分たちに有利になるように変え
る……つまり，ルールを変えてしまうのである。

(1) 制度や法律にはたらきかける

ひとつの有力な方法は，行政とのつながりを持つことである。再び，田舎町
のパン屋の例にもとづいて考えてみよう。

補助金

このパン屋は，自分の町にひとつしかない小学校と，やはりひとつしかない

老人ホームの両方に対して食パンを提供しようとして，その経営が不安定化してしまった。小学校には今までどおり，2日に1回，食パン100枚をとどけたい。老人ホームにも，好きなときに必要なだけの食パンを使って，入居者においしい食事を提供してほしい。そこで，町役場に行って，次のように訴える。

「私たちは，この町でただひとつのパン屋として，小学校，老人ホーム，そして住民が必要とする食パンを提供しています。しかし，老人ホームが新たに建設され，不定期の求めに応じながら今までどおり食パンを提供し続けるためには，規模の拡大と人員の増強が必要です。食パンの確保は，この町全体の公共的課題です。ですから，わがパン屋に，補助金を提供してください。」

補助金という追加資源が得られれば，パン屋は規模拡大とともに経営を安定させ，活動を続けることができるだろう。

競争相手の参入を防ぐ

パン屋は，町役場に行って，次のように訴えることもできる。

「自分たちは，この町でただひとつのパン屋として，小学校，老人ホーム，そして住民が必要とする食パンを提供しています。これら町の住民の食生活を支えるとともに，食パンを売った収益で社員を雇い，生活を保障しています。現在の状態を維持する限り，資金も人手も，この町の中で循環しています。しかし小学校が隣町のパン屋と取引をするようになれば，小学校が支払うお金も，食パンを焼くために投入された労力も，隣町に流れることになります。そのような流出を防ぐために，隣町のパン屋の我が町への進出は阻止すべきです。」

こうしてこの町の議会が，パンの販売はこの町のパン屋に限るという条例を承認・発出するなら，パン屋は競争相手に悩まされることなく，自分のペースで活動を続けることができるだろう。

異議申し立てをする

パン屋がこうして着々と自分にとって有利になるように競争条件を整えると，隣町のパン屋には勝ち目がない。そこで隣町のパン屋は，さらに強大なパ

ワーを持つ組織に訴える手段に出る。国の担当機関に連絡して，次のように主張する。

　「あのパン屋は，町のマーケットをすべて独占しています。このような状況では，パン屋が食パンの質を落としたり，不当に値段をつりあげても，小学校も老人ホームも住民も，抵抗する方法がありません。皆が，食パンについてはこのパン屋に全面的に依存しているからです。この状態は，独占禁止法に違反します。食パンを必要とする組織や住民の利益を守るために，そしてパン業界に健全な競争を取り戻すためにも，国が介入し，あの町のパン屋の独占状態を止めるべきです。」

　隣町のパン屋の主張が認められれば，国は，町議会が導入した補助金や条例を無効とするだろう。そして隣町のパン屋は，この町の小学校と取引することができるようになるだろう。

(2) 世論をコントロールする

　世論にはたらきかけて社会的資源を獲得し，物的・人的資源を有利に確保する方法もある。正義や正当性のアピールがポイントである。

　パン屋の場合，地産地消を訴えることが有効かもしれない。

　「私たちは，この町で収穫した小麦とバターを使ってパンをつくっています。私たちのパンを食べることで小麦農家や酪農家を支え，この町を元気にしましょう！」

　このようななかで小学校が隣町のパン屋から食パンを仕入れることは，町を裏切るような行為にも思われる空気ができあがる。こうして，隣町のパン屋の競争力は大きく削がれる。

　食の安全の重要性を訴えてもいいだろう。

　「私たちは，有機農法による小麦を原料とし，有機飼料のみで育った牛の乳から作ったバターを使ってパンを焼いています。私たちの町の小学校に通う子どもたち，そして老人ホームで暮らす老親たち，そして住民の皆さんには，安全なパンを食べていただくことが大切です。」

　このようなアピールが伝われば，製法や原料が不明な隣町のパン屋の食パンを学校給食に出すことは，この町の食の安全という点においていかがなものか，という意見が出る。そうして，隣町のパン屋が小学校に食パンを卸すことは難しくなるだろう。

5　影響力——組織は経済の論理のみにて生きるにあらず

　組織戦略に関わる議論の多くは，経済効率性や顧客の獲得をめぐるものである。そこでは，獲得した資源をもとに，いかに魅力的なアウトプットをし，利益を最大化するかが主題となり，その目的を達成するために，組織のリーダーシップや組織マネジメントのあり方など，組織内部の改善が重ねられる。資源はすでに獲得されていることが前提である。これに対して資源依存理論は，資源を獲得する過程に注目する（**図1-4**）。資源を自分たちの組織の外側から取り込まなければならない以上，そのための外界とのやりとりに関心を注ぎ，そして，外界の不確実性をいかに制御するかを主題とする。資源は自分たち以外の組織が調達するのであるから，それら組織に，自分たちにとって都合の良い行動をしてもらわなければならない。また，広く世論に働きかけたり制度や規制のあり方を変えようとする場合もある。こうして組織が自分たちの活動の利

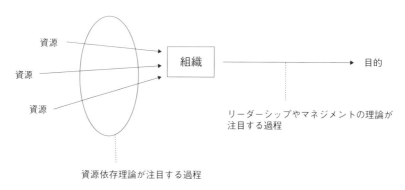

図1-4　資源依存理論が注目する過程

害にもとづいて外界を再編する力を，影響力という。

　影響力という言葉は，日常的に幅広く使われている。それだけに，場面によって異なる意味を含む。経営学や経済学の領域の組織理論においては，影響力は，組織活動の経済効率性やプロダクツのインパクトを意味する場合が多い。これに対して資源依存理論における影響力とは，組織が他の組織に対して及ぼすパワーを意味する。本章に登場したパン屋は，実は食パンの味については隣町のパン屋に劣るかもしれない。たとえそうであっても，他の組織に向けてのパワー，すなわち影響力を存分に発揮すれば十分にサバイバルができる可能性があることを，資源依存理論は示している。

　組織活動は，経済の論理のみで成り立つのではない。影響力という社会的要素も，大きく作用するのである。

第 **3** 章

共同幻想と運命共同体
すべては資源獲得のために

> **Key words**：外界（environment），インター・フェイス（interface），
> インター・ロッキング（interlocking）

1 外界を思い描く

　資源を安定的に確保するために，組織は外界にさまざまにはたらきかけると，前章で述べた。さらに踏み込んだ表現をするなら，資源を安定的に確保して存続するためには，組織は外界にはたらきかけなければならない。

　しかし，いつ，だれに向かって，どのようなはたらきかけをするのがベストなのだろうか？　そもそも，何をもとにそれらを判断するのだろうか？

　カギとなるのは情報だと，資源依存理論は唱える。

　とはいえ，この世の中で起こるすべての事柄に目配りをして，関連する情報をリアルタイムでキャッチすることは，不可能である。どのような情報を集めれば良いのだろうか？

　資源依存理論は答える。

　何が必要な情報であるのかは，組織が自分で決めている，と。

　まるで禅問答のようだが，言い換えるなら，組織は，自分で思い描いた外界を生きる。隣の組織は，同じような活動をしていても，別の外界を思い描き，それを生きる。こうしてそれぞれが，異なった外界を生きている。

2　思い描いた外界を生きる

　先ほどのパン屋の話題に登場した老人ホームを例に，考えてみよう。

　この老人ホームは，町立である。自分の家に住み続けたいと願いながら，高齢になって介護が必要となり，家族と離れてホームで暮らさなければならなくなった高齢者の心を和らげ，第二の自宅として安心して暮らしてもらうことを目指している。そのために老人ホームの職員は，応対の仕方や高齢者の心理，介護の技術などについての最新の知識を常に集めて，学ぶ。建物の快適さにも，気を配る。部屋の配置や壁紙の色，高齢者にとって操作しやすいドアの取っ手，庭の散歩スペースの位置や，庭に植える木や花々について，業者や専門家の意見を聞いて，最善と思われる選択をする。食事も重要である。旬の食材に目配りをして，管理栄養士から栄養のバランスについて指導を受けながら食事の献立を作成し，例の町のパン屋からパンを仕入れたりもしながら，高齢者に提供する。経営面では，町の住民の人数や高齢化率の動向を把握し，それにもとづいて，部屋数やスタッフ配置の計画を策定する。周辺にどのような老人ホームがあるかも，重要な判断材料の１つである。近所に，豪華な建物の中で５つ星ホテル並みのサービスを提供する有料老人ホームが建設されれば，富裕な高齢者はそちらに流れる。すると自分たちのような町立の老人ホームの役割は，富裕ではない高齢者への対応に特化されるので，サービス内容もそれにあわせて変えていく。

　さて，このような老人ホームの日常の中で，小学校の給食メニューが考慮すべき重要な事柄であると，真っ先に思い至ることはあるだろうか？

　よほどの例外的な事情が無い限り，老人ホームが設立当初から，近所の小学校の給食メニューに最新の注意を払いながら献立を考えることは無いだろう。つまり老人ホームにとっては，介護技術や高齢者の健康管理，建物や庭のデザインとメンテナンスなどに関する情報と，それに関わる組織や人々が外界なのであって，そこに小学校は存在しない。しかし，ある日食パンが手に入らなく

なる。1日3度の食事をきちんと出すことができないというのは，老人ホームにとっては「事件」である。そしてその理由が，同じ町内の小学校の給食の事情にあると知ったとき，老人ホームは大きな衝撃を受けるだろう。「そういえば，確かに小学校があった。まさかそれが理由で，こんなことになるなんて……」この場合の小学校は老人ホームにとって，自分たちの外界に突然侵入してきたエイリアンに等しい。

　以上のポイントは，次の3点である。

> 1．老人ホームは、日常の業務との関わりの範囲で外界を思い描く。
> 2．日常が事もなく続く限りは、老人ホームの外界に、小学校は存在しない。
> 3．その日常が、老人ホームにとっての外界に組み込まれていなかった小学校の給食のために乱されると、それは「事件」になる。

　物理的には，老人ホームと同じ町内に小学校は存在してきたのであるから，未知だのエイリアンだのと言われるのは，小学校にとっては失敬な話である。ことほど左様に，組織にとっての外界とは，組織が自分中心に構成する主観的な世界なのである。

3　戦略的に「思い描く」

　未知のエイリアンの急な襲撃にあたふたすることがしょっちゅう起こっているようでは，組織はもたない。自分たちが影響を受けそうな組織や人，出来事をリスト化し，その動きを常に追うことによって，変化があっても，想定内の事柄として，落ち着いて対応できるようでありたい。そのためには，場当たり的にではなく，戦略的に外界を思い描く必要がある。

　戦略的に外界を思い描くためには，的確な判断と解釈が必要である。

　老人ホームの例にもどろう。

　ある日，食パンが手に入らなくなった。一度きりのことなのだろうか。組織によって，判断は次のように分かれるだろう。

判断 1 ：たまたまのアクシデントであって、同じようなことがおこることは
　　　　ないだろう。だからきょうは、麺類や米を代わりに調理してのりき
　　　　ればよい。
判断 2 ：再び同じことが起こる可能性があるのかないのかを、見定める必要
　　　　がある。そのために、まずは原因をつきとめよう。

　すでに繰り返し述べているように，老人ホームが食パンを調達できない理由
は，小学校の給食メニューとのバッティングにある。したがって「判断 1」を
した場合には，再び同じことが起こり，老人ホームでは，エイリアンからの予
測不能な襲撃に翻弄されたような状態が続く。そのうちに，組織の中には無力
感や経営責任者への不信が広がり，高齢者を預けている家族からの苦情が寄せ
られるなど，さまざまな問題が生じるだろう。
　さて，「判断 2」によって原因が小学校の給食メニューとのバッティングに
あると判明した場合，さらにそれについて何通りもの解釈が可能である。

解釈 1 ：前もってパンを予約するということに思い至らなかったのは、老人
　　　　ホーム側の組織体制の問題である。
解釈 2 ：小学校は昔からこの町にあって、老人ホームは後からできたのだか
　　　　ら、老人ホームは我慢すべきである。
解釈 3 ：老人ホームと小学校とパン屋の三者間の調整役を自分たち老人ホー
　　　　ムがひきうけ、この町での影響力を増すチャンスである。
解釈 4 ：小学校と老人ホームの生存競争なのであり、食パンを手に入れた方
　　　　の「勝ち」である。
解釈 5 ：老人ホームと小学校の双方をつぶそうという巨大なたくらみが、ど
　　　　こかでなされている。

　小さな組織であれば，社長や店主がこの種の判断や解釈を，経験や直感にも
とづいて行う。しかし組織が大きくなり，さらに産業化やグローバル化が進ん
で世の中が複雑になると，ひとりの人間の手には負えなくなる。そこで，その
種の判断・解釈を的確に行うために，専門家を集めて専門の部署をつくる。組

織とその外側をつなぐインター・フェイス部門である。

4　インター・フェイス部門と組織

　たとえば老人ホームは，戦略企画室といった部署をつくり，組織マネジメントや弁護士，マーケティングの専門家を雇うかもしれない。そこで，日々の出来事の中で重要だと思われることをリスト化し，それに関わる動向をモニタリングする。食パンが手に入らないという出来事に対して，「解釈4」にもとづく判断をした場合には，「町のパン屋を吸収合併しよう」といったアクションにつながる。「解釈5」をした場合には，「巨大なたくらみ」の存在を暴くための情報収集が始まるだろう。

　こうして戦略企画室が，複雑化する現代社会にあって，外界と老人ホームをつなぎ，老人ホームが安定的に介護事業を行っていく上で重要な機能を引き受けることとなる。これまでは介護スタッフこそが，主力の介護事業の担い手として自負を持ち，老人ホームのさまざまな重要事項について判断をしてきた。しかし，戦略企画室が食パン問題の解決に成功すると，戦略企画室は自信を深める。そうして，組織内部の力関係が変わってくる。戦略企画室は，資源の安定的な確保を最重要事項として，パン屋の吸収合併を主張する。介護スタッフは，パン屋を吸収合併するお金があるなら，その資金で介護スタッフを増員してほしいという。戦略企画室と介護スタッフは見ているものが違うのであるから，意見が異なる場合もあり，かつ，どちらの意見も，もっともであるだろう。そのような場合は，パワーを持っている部署の意見が通る。戦略企画室の活躍が話題になっている時期であれば，戦略企画室の意見が通る。その雰囲気が定着すると，戦略企画室のスタッフの方が介護スタッフに指示をする立場になることもある。

　介護事業を行う組織でありながら，介護スタッフ以外の職種が重要な意思決定を行うようになることには奇異な印象を持つかもしれないが，実はこういったことは珍しくない。資源依存理論をまとめた Pfeffer and Salancik の著作

(1978) では，電力会社の例が紹介されている。社会が複雑さを増して，規制や経済的競争力が重要になるにつれて，電力に直接関わる技術職よりも，弁護士や会社経営の専門家が組織内で強い立場を占めるようになるという。その結果として，電力会社のトップには，技術職ではなく，マネジメント職がつくようになる。

5　共同幻想の構築──同じ外界を生きる

　さて，ここで改めてふりかえると，次のような主観的世界のループ，すなわち共同幻想が形成されていることがわかる（**図 1-5**）。老人ホームは，小学校の動向が自分たちの活動に関係し得るなど「思い」もしなかったので，小学校の給食メニューとのバッティングによって食パンが手に入らないという出来事に「ショック」を受けた。そして，同じことを繰り返したくないと「思い」，老人ホームの外側で起こる事柄にアンテナを張るための戦略企画室を設置する。戦略企画室は，老人ホームにとってこれが重要だと「思う」ことを中心に事業計画をたて，老人ホームは，介護スタッフの意見よりも，戦略企画室の意見がサバイバルには重要だと「考え」，介護スタッフの意見を押し切ってパン屋を吸収合併する。そうして，戦略企画室に関係者が多くの「期待」を寄せ，老人ホームの運営が安定すれば，戦略企画室のおかげだと「思う」。実際には，

外界の出来事が不確実におこる：食パンが届かない

　↓

外界の出来事に関する判断と解釈：小学校の給食が理由なので，小学校との調整が必要

　↓

組織構造の変化：小学校との調整に成功して食パン問題を解決し，戦略企画室が力を持つ

　↓

組織内部の変化：指示・命令系統，出世ルート，給与の変化

図 1-5　外界の出来事と組織

介護スタッフの努力も，老人ホームの安定性には関係しているにも関わらず，である。こうして，関係者の主観の中で，戦略企画室の立場が強くなる。戦略企画室が介護スタッフに指示を出す場面が増えるかもしれない。指示命令系統の変容である。さらに，戦略企画室のスタッフの方が組織内で出世しやすくなり，給与にも差が生じるだろう。こうして，その組織が外界をどう見て，判断・解釈するかという主観によって，組織内部の事情も影響されるのである。

6　インター・ロッキング──運命共同体の形成

　外界の不確実性をコントロールするもうひとつの方法に，インター・ロッキングがある。これによって，必要とする情報を有効に集めることができると同時に，関連する組織の想定外の行動をもコントロールする。

　再び老人ホームの例に戻る。

　老人ホームのような組織の最終的な意思決定機関は理事会である。そして理事として理事会に参加するのは，従来，次のようなメンバーであった。まず，主力の介護事業をとりまとめる介護スタッフ長や，同じ町にある大学で介護を教えている専門家を理事として招く。さらに，高齢者やその家族の意見を老人ホームの運営に反映させるために，地域の高齢者や老人ホーム入居者家族の代表者に，理事会に加わってもらうことも珍しくない。

　しかし，介護事業をとりまく諸事情が複雑化すると，理事会の構成は大きく変わる。まず，補助金を提供してくれる町議会の関係者を理事に迎えるようになる。いわゆる「天下り」である。また，本章に登場する老人ホームの場合は，小学校の給食で使用する食パンに関する調整が必要なので，小学校の関係者にも理事会に加わってもらうことが有効だろう。パン屋が加入している商店街連絡会の代表の参加も欠かせない。そして，食パン問題で活躍した戦略企画室の責任者も加わる。さらに，介護関係の訴訟に詳しい弁護士，町の唯一の銀行である信用金庫，最近建設された有料老人ホームの代表者にも参加してもらう。介護スタッフ長や介護の専門家，高齢者や家族の代表も引き続き理事会に加

わっているのだが，理事会の雰囲気や議論される内容は，大きく変わる。何よりも，介護に直接関わること以外の話題が増える。

　老人ホームの理事会のメンバーになるということは，その老人ホームの応援団の一員となることに等しい。したがって町議会に関係する理事は，町の予算がいつ，どのようにして決まるのか，町議会で老人ホームに配慮した予算編成がされるためには誰に働きかければよいのかなどの情報を老人ホームに提供し，有力者にも紹介する。また，将来に向けての財政強化も必要なので，信用金庫の理事に助言を仰ぎ，場合によってはその信用金庫で有利にローンを組んでもらう。有料老人ホームからの理事も応援団の一員であるから，無用な競争関係に陥らないように配慮をする。たとえば，有料老人ホームは富裕層のみを対象とし，顧客の奪い合いを避けることを暗黙のうちに確認する。小学校から派遣されている理事は，小学校の給食のための食材手配を，老人ホームに配慮しながら進めることになるだろう。商店街連絡会は，食パンのみでなく，老人ホームが必要とする品物はすべて，確実に，届けることができるようにするための便宜をはかるだろう。

　こうして，老人ホーム以外の組織から理事会に参加する理事たちは，老人ホームをまもるために有効だと自分たちが考えるアクションをおこす。さらには，自分の本来の所属先である町議会や弁護士事務所，銀行，小学校，有料老人ホーム，商店街連絡会の行動を老人ホームにあわせて調整するのであるから，今や町議会や弁護士事務所，銀行，小学校，有料老人ホーム，商店街連絡会も，老人ホームが思い描く外界のイメージを共有することになる。つまり，老人ホームは影響力を増す。すると今度は，自分たちの理事会にも老人ホームから参加してもらうことが必要だと思い，弁護士事務所，銀行，小学校，有料老人ホーム，商店街連絡会が，老人ホームの代表者を理事に迎える。町議会は行政組織なので理事会は無いのだが，町議会議員の応援会役員に招くことはできる。こうして，一定の組織の間で代表者を互いに出し合ってそれぞれの理事会を構成することを，インター・ロッキングという。やがてこの町では，弁護士事務所，銀行，小学校，有料老人ホーム，商店街連絡会のどの理事会にも，そして町議

会議員の応援会役員にも，同じような組織からの同じような顔ぶれが並ぶこと
になるだろう。

　インター・ロッキングされた組織は，同じ外界を思い描き，解釈と判断を共
有する。その中のどれかひとつの組織にとって不都合なことが起これば，その
影響は，インター・ロッキングされた組織全体に及ぶ。したがって，ひとつの
組織にとっての不都合は，みんなにとっての脅威となり，その脅威をとりはら
うために，力をあわせる。たとえば，隣町のパン屋が，老人ホームでの食パン
騒動をきっかけに，本格的にこの町に参入しようとしている，という情報を商
店街連絡会がキャッチする。そうしたら，この町のパン屋はどうなるのか。隣
町からのパン屋の参入をゆるしたら，米屋もそれに続く可能性がある。そうな
れば，この町の商店街全体が危うくなる。老人ホームは今までのような食材調
達のルーティーンを保つことができなくなるし，商店街全体が弱体化すれば町
の財政も弱体化し，町の銀行の預金も減るであろう……　こうして，商店街連
絡会は，「自分たちの町を守ろう」キャンペーンを起こし，町議会，銀行，小
学校，老人ホームもそれに協力し，一丸となって，隣町のパン屋の参入を拒む。

　歴史が比較的長い業界で，かつ，そこに関わる組織のインター・ロッキング
が成熟しているようなところに，新規組織が参入することは難しい。インター・
ロッキングのネットワークが網の目のように張り巡らされ，互いの利益を守り
あうための協力体制が確立されているからである。テレビや新聞などの伝統的
なマスメディア，自動車製造業，建設業などはその好例であり，大学をここに
含めてもいいかもしれない。いわば，インター・ロッキングとは，複数の組織
が共同幻想を共有し，互いを拘束する仕組みである。組織は，自分たちの組織
の自由度や自律性とひきかえに，資源調達に関する安心感を手に入れる。

7　インター・フェイスとインター・ロッキングをめぐる現代的な課題

　組織のインター・フェイス機能やインター・ロッキングは，一定の地理的範

囲の中にとどまるといわれてきた。本章でも，ひとつの町の中の出来事として，解説をしている。しかし，今日ではグローバル化が進み，かつ，インターネットをはじめとするテクノロジーの進展によって，利害関係のネットワークも情報網も，グローバル化している。それにともなって，インター・フェイス機能やインター・ロッキングもグローバル化している。こうして，異なる国の組織の代表者が理事会のメンバーに加わることも珍しくなくなった。しかしその結果として，組織同士の関係や，組織が思い描く外界がどのように変わったかに関する検討は，十分に尽くされているとはいいがたい。

　インター・ロッキングは，経済活動の意味を変えたともいわれている。資本主義の初期には，経済活動と公益の推進が結びついていた。たとえば米国のベンジャミン・フランクリンは数々の発明をしたが，特許を申請することなく商品化して広く米国民が発明の成果を享受できるようにした。また，日本の TV ドラマでとりあげられた渋沢栄一も，数々の企業を設立して日本の経済活動の進展に寄与したが，究極の目標は国民生活の向上にあることを強調して，多くの社会貢献活動を同時に行った。しかし資本主義の成熟とともに，インター・ロッキングが資本家や実業界のエリートの閉じたネットワークの中で行われ，インター・フェイス機能も共有され，そこで利益が独占されるようになりつつある。このような閉じた仕組みは，社会を閉鎖的なものとし，格差を助長し，最悪の場合には不正の温床にもなる。

　このようななかで，既存のインター・ロッキングそのものに，地殻変動にも等しい変化が起こっているという指摘もある。たとえば，自動車製造業は，鉄やネジ等々の伝統的な自動車部品に関わる組織とインター・フェイス機能を共有し，強固なインター・ロッキングで結びついてきた。しかし，自動車はすでにコンピューター制御されるようになっており，ナビ・システムをはじめ，多くのコンピューター機能を搭載し，自動運転の実用化も現実的になってきた。これを受けて大手自動車メーカーには，新たな組織との関係づくりが求められている。実際に日本の大手自動車製造企業は，米国の大手 IT 企業との提携関係を結んだ。新たなインター・フェイス機能とインター・ロッキング関係の構

築が始まっている。

　インター・ロッキングという手法そのものの有効性が失われつつあるのでは
ないか，という意見もある。資源依存理論が構想された時代は，資本家や経営
者が組織を通じて市場にも影響力を及ぼしていたが，近年では，組織活動とは
直接関わりのない投資家が力を増している。そして投資家は，組織とは異なる
外界を生きており，従来的な組織のインター・フェイス機能やインター・ロッ
キングのあり方には見直しが求められている。

　資源依存理論は1970年代の後半に構想された。その後の社会の変化は著しい。
これを受けて2000年代には，資源の依存関係と影響力の理解に関する新しい
解釈が提案され（Casciaro and Piskorski, 2005），入山（2019: 549）はこれを資源依
存理論の「復権の起爆剤」と総称している。資源依存理論は再び，現在進行形
で成長中の理論としてよみがえりつつある。

引用文献　　　　　　　　　　　　　　　　　　　　　　　　Reference ●

Casciaro, T. and M.J. Piskorski, 2005, "Power Imbalance, Mutual Dependence, and
　Constraint Absorption: A Closer Look at Resource Dependence Theory," *Administration
　and Science Quarterly*, 50: 167-199.
入山章栄 , 2019,『世界標準の経営理論』ダイヤモンド社 .
Pfeffer, J. and G.R. Salancik 1978, *The External Control of Organizations: A Resource
　Dependence Perspective*, Stanford Business Classics.

第1部のまとめ

資源依存理論の3つの視点
1. 組織はそれのみで存続することはできない。組織の外側から資源を獲得
　する必要がある。
2. 資源を有利に獲得するために，他の組織にはたらきかける。
3. 組織は社会的なつながりの中で存在する。

第2部

組織は社会の
しがらみのなかで活動する

●━━━━━━━━━━━━━●

制度理論

米澤　旦

　組織は，機械のように合理的に目的を達成するだけではない。組織はあたかも人間のように人々が作り出したしきたりや取り決めに従っている。営利を目的とする企業も，社会的な目的を持つ非営利組織も，社会の決まりや価値や常識を考慮して意思決定している。

　このような組織のいわば社会のしがらみとも言える部分と関係を探求してきたのが制度理論と呼ばれる研究領域である。制度理論は組織に影響を与えるような組織を取り巻く「規則」や「社会的価値」「常識」に注目してきた。例えば業界に関係する新しい法律ができたときに，組織は行動を変えなくてはならない。また，新しい価値観や常識が広がったときに組織はそれに合わせなくてはならない。これらの社会的なしがらみを組織理論では，制度と呼んだ。制度は，いかに組織に影響を与え，そして組織はこのような制度をどのように作り出すのか。第2部ではこの点を検討していきたい。

第 **1** 章

組織と制度的環境
制度とは何か

Key words：制度（institution），制度的環境（institutional environment），
正統性（legitimacy），規則（regulative），規範（normative），
文化・認知（cultural-cognitive）

1　制度とはどのようなものか

　組織に影響を与える組織外部の要素には，顧客や材料など，物質的資源に関わるもの以外に，社会的に形成された目に見えない要素がある。この社会的要素をより詳細に検討し，組織との相互作用に注目する考え方が制度理論である。

　制度理論では，これらの組織を取り巻く社会的要素を制度（institution）と呼ぶ。制度に含まれるものは，価値や文化や規則などがある。株式会社などの営利企業にとっても，経済的な合理性だけを考えていては持続可能な経営は難しい。これは学校や病院などの非営利組織にも当てはまる。どのような組織にとっても，制度を無視することはできない。

　たとえば，正義や道徳的な正しさに関わる社会的価値と企業の関係を見ていこう。近年では，企業であっても社会的価値にコミットすることが当たり前となっている。たとえば，「自然環境の保護」や「人々の多様性の尊重」「健康な生活の推進」などのさまざまな社会的価値に配慮して，経営がなされている。大企業のホームページには必ずと言っていいほど，それぞれの企業の CSR 活動をまとめた，「CSR レポート」が掲載されている。CSR レポートでは，いかにその企業が環境に配慮しているか，性別や人種などの多様性を配慮しているか，従業員や顧客の健康を大事にしているか，それに関連する活動がまとめ

られている。さらに最近では，SDGs（Sustainable Development Goals）などの社会的目的の達成を明示的に目標にする企業も増えた。このように，社会的価値にコミットすることは短期的には利潤の極大化に関わらないが，企業の評判を保つためには重要である。

　社会的価値と企業の影響関係は，歴史の変化や社会の比較を踏まえると，より鮮明になる。文化や社会的価値は歴史や社会によって大きく異なる。たとえば，「環境への配慮」や「顧客や従業員の健康の尊重」などの社会的価値は，この30年で大きく変化した。自動車メーカーが排気ガス量を意識したコマーシャルを放送することや，ファストフード店が顧客の健康に配慮した商品を販売することは，1990年は当たり前ではなかった。また，1990年代には流行語ともなった，栄養ドリンクの「24時間戦えますか」という宣伝文句に表れているような，長時間労働をいとわないことに意味があるという価値観は現在ではあまり好まれない。長時間労働を肯定するタイプの社会的価値は，長時間労働自体が懐疑的にとらえられるようになった現代社会において，積極的には肯定されないだろう。

　このように，組織は目に見えづらい「社会的価値」の影響を受けながら行動する。これは制度の1つの側面だが，ほかにも法律などの「規則」や常識などの「文化的な自明性」からの影響も受ける。営利企業であっても，その組織が持つ目的をいかに効率的に達成するかという狭い範囲の合理性だけを重視しているわけではない。経済的な合理性だけが重要であるのならば，営利組織はどの時代，どの社会でも似た行動をとるだろう。あるいは，組織をとりまく環境が変化したときに経済合理性に反応して最適な行動をとると考えられる。しかし，組織は経済合理性に従うと同時に，望ましいと考えられる社会的価値，法律などの規則，その組織が社会で「当たり前」であるとみなされる見方，すなわち「制度」に従って，適切だと考えられる行動をとる。日本では制度というときに，法律や規則だけを指すことが多いが，ここでいう制度はより広い対象を指すことに注意してほしい。

　組織を取り巻く「制度」と組織の関係に注目することが制度理論（organizational

institutionalism）の基本的な視点である（制度理論は新制度派組織理論と旧制度派組織理論に分けられるが，本書で扱うのは新制度派組織理論である）。制度的な要素は組織の行動を制約することもある。ただし，それだけではなく，組織がうまく制度的環境を利用して，自分の組織に有利になるようにふるまったり，持続可能性を高めたりする。たとえば，環境に配慮した製品は，長期的には企業が経営する市場を維持するだろう。さらには，他の組織や一般の人々にとっても好ましいと考えられる文化や価値を広めることもある。価値や文化が組織にいかなる影響を与えるか，逆に社会的価値や文化を組織がどのように形成するかを制度理論では重要な研究主題としてきた。

2　組織における環境——技術と制度

　制度理論は社会学という学問領域の視点から発展してきた経緯がある。社会学の立場にたって組織を考える際には，一般的に組織をとりまく環境や，組織が位置する文脈を強調する。組織における経営者の役割や組織間の資源の取引から組織の行動を説明しようとする経営戦略論などの立場とは焦点の置き方が異なっている。経営者がいかに合理的な行動を採用しようとしても，組織が置かれる物質的な，あるいは社会的な文脈から自由になることはできないことを，社会学的な組織論は強調する傾向にある。組織外部の環境的要素を強調する視点は資源依存理論とも重なるものである。

　組織を取り巻く環境は，大きく言えば，技術的環境（technical environment）と制度的環境（institutional environment）に区別される。技術的環境（Scott and Meyer 1991）とは，製品やサービスなどの物質的なものが生産され，交換される環境のことを指し，いわば，「市場」のようなものである。技術的環境における評価基準は明確であり，シンプルでクリアである。ある企業のサービスや製品がその同業他社と比べて適正な価格で適切な品質で売られているか，給与が適正水準かなどがあげられる。株式会社が運営するレストランを例にとれば，営業している地域が人口密集地か地方部かで適切なメニューのラインナップは

変わるであろうし，営業時間や価格も変わるだろう。これが適切でない場合にはレストランは長続きしない。

　一方で，制度的環境とは組織の適切性に関わる社会的な要素のことを指す。目に見える現象として，飲食店等の外観を考えてみよう。ファストフード店やコンビニエンスストアでは，その地域にあった概観を採用することがある。京都などの伝統的な街並みが並ぶ地域では，街並みと調和するような外観がとられることがある。たとえば，京都の場合は，景観に関わる条例が制定され，コンビニやファストフード店でも周囲の景観に対する配慮が求められる。街並みとの調和は必ずしも個別の店舗の売り上げとは一致しないかもしれない。しかし，景観になじむことで，コンビニやファストフード店は街に溶け込むことができる。町全体の評判は高まるかもしれない。

　あるいは，レストランの料理のラインナップを考えてみよう。同じ寿司屋であっても，その寿司屋がいかなるタイプの店であるかによって，違和感がないネタとそうではないネタがある。たとえば，回転寿司店などではさまざまな寿司が提供されており，サーモンや伝統的な寿司屋にはないネタも並んでいる。さらにはラーメンや唐揚げやフライドポテトなどのメニューもある。一方で，カウンターだけで正面の寿司職人が一貫ずつ寿司を提供するような高級な寿司屋では，サーモンが提供されていることは今のところはまれである。伝統的にはサーモンはあまり正統的な寿司ネタだとは考えられてこなかったことがあるだろう。

　このように，組織の行動に適合する「ふさわしさ」は組織にとって考慮に入れなければならない要素である。組織は，サービスや製品を適切な価格で販売し，よりコストを削減するというような経済的な効率性だけではなく，制度的環境に対する適切さやふさわしさにも気をかけなければならない。制度理論を先導してきた，アメリカの社会学者であるDiMaggio and Powellは論文のなかで，「組織は資源や顧客をめぐってだけ競争しているわけではなく，政治的パワーや制度の正統性，つまり経済的適応と同様に社会的適応をめぐって競争している」（DiMaggio and Powell 1983: 156）と述べている。

　制度理論では，社会的な適切さを充たしている場合に「正統性（legitimacy）がある」と表現する。正統性を保つ組織は関係者から評価や尊敬の対象となることが多いだろう（「一目おかれる」「リスペクトされる」だろう）。これは，技術的環境の観点から見た優位性である合理性（rationality）とは対比される性質である。企業や商店が経営的に成功しているという場合には，この合理性の観点から評価されていることが多いと考えられる。合理性と正統性は重なることもあるが，常に両立するわけではない。

　正統性がどの程度求められるか，合理性がどの程度求められるかは，組織が属する業界や産業によって異なる。技術的環境への適応の競争が厳しい業界と，社会的適応の競争が厳しい業界のあいだには違いがある。アメリカの社会学者である Scott and Meyer はこの典型的パターンを表2-1のように整理した。一般的には，製造業などの営利企業は技術的環境が，学校や教会等の非営利組織は制度的環境が影響を与える傾向が強いことが見て取れる。これは営利企業の基本的目的は営利を追求して株主に還元することが求められ，特に市場のなかで生き残るためには，合理性がより強く求められることによる。一方で非営利組織の目的は団体ごとに異なり，市場での競争によって生き残りが問題になることは株式会社などの営利組織ほどは強くはないが，価値や規則，常識に反することのペナルティは大きいことを意味している。

　ただし，営利組織が効率性ばかりを追求するわけではない。営利組織のなかでも正統性が重要な意味を持つ業界（例：銀行）もあれば，そうでない場合もある。非営利組織でも，合理性が重要な意味を持つ場合もある（例：総合病院）。また，両方がさほど影響しないものもある（例：個人営業のレストラン）。すなわち，組織の主たる目的の達成だけのために資源を効率的・効果的に調達し，使用するかという点に加えて，制度的環境にかなったふるまいをすること，すなわち正統であることも劣らずに重要である。このように，組織を取り巻く技術的環境だけしか考慮に入れない見方よりも，制度的環境も考慮に入れる見方のほうが組織についての現象を理解する上では有益であるという立場に制度理論は立つ。

表 2 - 1　技術的環境と制度的環境の強弱

	制度的環境が強い	制度的環境が弱い
技術的環境が強い	インフラ産業 銀行 総合病院	一般の製造業
技術的環境が弱い	精神科クリニック 学校 弁護士事務所 教会	レストラン 健康クラブ

出典：Scott and Meyer (1991)

3　制度的要素の 3 つの区分——規則，規範，文化・認知

　制度的環境についてもう少し詳しく検討しよう。正統性に関わる要素は 3 つ
の種類に分けることができる。組織社会学者のスコットによれば，制度は規則
（regulative）の柱，規範（normative）の柱，文化・認知（cultural-cognitive）の柱
に区分される（表 2 - 2）。制度をこれらの 3 つの側面として捉えることが，制
度論の基本的な見方である。
　たとえば，サッカーに関するプロスポーツチームを考えてみよう。プロスポー
ツチームは基本的には試合での勝利や年間でのリーグ優勝を目的とする組織で

表 2 - 2　Scott による制度の 3 つの柱

	規則 (Regulative)	規範的 (Normative)	文化・認知的 (Cultural-Cognitive)
順守の基盤	便宜	社会的責務	自明性，共有理解
秩序の基盤	規制的ルール	期待の拘束	構成的スキーマ
メカニズム	強制的	規範的	模倣的
ロジック	手段性	適当性	真正性
指標	ルール，法，罰	認証，お墨付き	共通の信念，行為の共 有された論理，同型性
影響	罰則への恐れ，無罪	恥・名誉	確実性と混乱
正統性の基盤	法的な罰則	道徳的な統治	理解可能性， 文化的な支持

出典：Scott（2014）

あると言える。勝利をつかむためには効率的に選手を獲得し，さらに，選手は無駄なくボールを運び得点する必要がある。しかし，プロとしてふさわしいふるまいがチームの選手やスタッフには求められる。

　ふさわしさの第一の水準は規則であり，これは法律などのルールに関わる要素である。組織は，さまざまな水準の規則を遵守しなければならない。サッカーのチームは，試合においては定められているルールを守らなければならない。ゲーム中は手を使ってしまうと反則と判断される。また，不必要に乱暴にプレイすると，やはりペナルティが与えられ，その程度が甚だしい場合は退場になってしまう。このように，サッカーチームは試合中にはゲームのルールを守る必要がある。もちろん，試合の外にもルールはある。たとえば，多くの場合，サッカーではリーグごとに，契約に関わるルールや1年間に使用可能な予算についてのルールが決められる。これらのルールに反してしまうと，新たな選手獲得ができないなど，チームへの罰則を与えられてしまう。このようなルールが定められ，守られることで競技の公正さが保たれると考えられているので，ルールに反することが多いと，試合中では罰則にともなって失点の機会が増えるし，ラフなチームであるとの評判が固定化してしまうとサポーターは減ってしまい，チームの存続が難しくなることもあるかもしれない。

　第二の制度の側面は，規範である。規範的な側面は，法律のように明文化されてはいないが，倫理や道徳として望ましいとされる人々の行動に関わるものである。特に組織理論では，そこで働く人に関わる事柄がとりあげられる。たとえば，サッカーの選手にはスポーツマンシップが求められる。試合中に相手選手がケガをした場合には，ボールを外に蹴りだして，試合を一時的に中断させることが望ましい対応とされる。これは，ルールで定められてはいないが，もしこのような規範にかなわない行為を繰り返してしまうと，そのチームの人気はスポーツマンシップに劣ると判断され低下してしまうだろう。また，コート外でも，サッカー選手はふさわしいふるまいが求められる。練習などに勤勉で，サポーターには愛想よく対応することが望ましいとされる。前者はともかく，後者の要素はサッカーの勝利とは直接関係はしないかもしれないが，規範

から逸脱するとプロ意識に欠けるとして批判されることもある。規範的な要素は法律と一致しているわけでもなければ，常に合理性と直結しているわけではないが，やはり組織内の行動を考えるうえでは重要である。

　最後に文化・認知的側面である。これはこれまでの規則や規範よりも，少しわかりづらい要素である。文化・認知的側面は「自明性」(taken for groundness) に関わる概念であると言われる。ここでいう自明性とは，あるものがその場にあることやふるまわれたことが当然であるかどうかに関わるものである。これらの常識は時代や状況によって変わるが，やはり組織の行動に制約を与えるものである。サッカーの例を持ち出すならば，たとえば各ポジションに期待される常識的な役割があげられるだろう。現代では珍しくはなくなったが，かつてはゴールをまもるゴールキーパーは，ゴールの近くでプレイすることが当然であった。ゴールキーパーが手を使えるペナルティエリアを出てプレイすることは珍しく，そのような選手は「常識外れ」だと言われることも多かった。

　自明である現象と自明でない現象を区分する１つの基準は何か特別な説明が必要であるかにある。より一般的な言葉を用いれば「常識」である。常識的な行為は，特別な説明なしでも関係者間で行動が予期できる行為である。ゴールキーパーがペナルティエリアから出てプレイすることは適切な説明がなされれば，違和感を生じさせない。そうでなければ，ゴールキーパーのそのようなポジショニングは常識外れであるとか愚かだと批判されるからである。

　このように，正統性に関わる制度的要素は規則的，規範，文化・認知に区分される。そして，それぞれ，異なる形で，組織の正統性を左右する。正統性が欠如した状態では，長期的には組織の不利を生むことが多いと考えられる。規則に反した場合は，最もわかりやすく，あらかじめ決まったルールに関する罰則が与えられる。法に反した人や組織は罰金などの処分がなされる可能性がある（サッカーの例だと，イエローカードが出される，フリーキックが与えられる，などのペナルティが与えられる）。規範に反した場合は，同業者や地域の人々から評価が下がり，尊敬できないと悪い評価を与えられるかもしれない（サッカーの例だと，ほかの選手やサポーターから尊敬を得られない）。常識に反した場合は周囲の人々に

違和感を生じさせてしまい，当惑と混乱が生じるかもしれない（サッカーの例だと，特別にその行為の意味が丁寧に観客に説明される必要がある）。

　これらの3つの要素を区分することによって，組織の生き残りや成功にとって重要な正統性の源泉を区分することができる。これらの要素は，目的の効率達成のためには不必要で，余分であるという考え方もあるだろう。たとえば，規則は「無駄なルール」，価値は「古くからの因習」，常識は「ステレオタイプ」として批判されることも少なくない。ただし，ルールや慣習，ステレオタイプを完全に無視して行動できることは多くはない。また，これらの要素を理解することで，よい評判を得ることができるかもしれない。制度は使い方次第で，組織にとってよい結果をもたらす可能性もあるものである。

4　まとめ

　本章では，制度理論の基本的な見方である組織と制度の関係について検討してきた。技術的環境と制度的環境の区別を行い，制度という言葉が指す，3つの側面について区別した。規則や価値，文化・認知などに関わる制度という要素は，目的の達成に直接的に関係しなくとも正統性に影響を与えるものである。本章で焦点を当てた側面は図2−1で表される。

　このような組織を取り囲む慣習や規則，文化を考慮に入れる考え方が制度理論である。同じ行動や形式をとっていても，時代や地域，業界が異なれば，その正統性についての評価は異なるものとなる。制度理論の視点を取り入れると，一見無駄と考えられがちな側面が異なって見えてくると考えられる。組織の行動やあり方に影響を与えることが理解できたり，逆に組織の行動の上で欠かせないと考えられている制約（たとえば伝統や自明性）が実は根拠のないものであったり，変容し得る可能性を考えることができる。制度的環境というものが組織に影響を与える重要なファクターであることを理解することは組織の現象を考える上では，有益である。規則や規範，文化などを踏まえ，それに対応し，新しい制度を形作りながら行動するだろう。そして，規則，規範，自明性を考慮

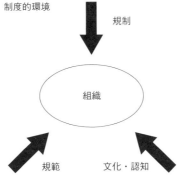

図 2 - 1　制度的環境と組織

に入れることで制度的環境を変容させる働きを戦略的に（意図的に）行う可能性も拓ける。

引用文献 ｜　　　　　　　　　　　　　　　　　　　　　　　Reference ●

DiMaggio, P. and W. W. Powell, 1983, "The Iron Cage Revisited: Institutional Isomorphism and Collective Rationality in Organizational Fields," *American Sociological Review*, 49（2）: 147-160.

Scott, W. R., 2014, *Institutions and Organizations: Ideas, Interests, and Identities 4ᵗʰ edition*, Sage Publishing.

Scott, W. R. and J. Meyer, 1991,"The Organization of Societal Sectors: Propositions and Early Evidence," *The New Institutionalism in Organizational Analysis*, 108-140.

第 **2** 章

制度的環境はどのように組織に影響を与えるか

Key words：組織フィールド（organizational field），制度的同型化（institutional isomorphism），制度ロジック（institutional logic）

1　業界としての組織フィールド

　前章でみた通り，組織は制度的環境のなかで行動しており，正統性をどのように高めるかという点は組織が持続するために，また，目標を達成するために重要な要素である。さらに，組織理論はこのような制度と組織の影響関係は個別の組織だけではなく，同じような価値観やルール，常識を共有する組織の集まり（集合）においてより顕著であることを発見した。

　制度理論では制度的環境を共有する組織の集合を「組織フィールド」と名付け，重要な分析対象としてきた。組織フィールドは，社会学者の DiMaggio and Powell によれば，次のように定義される。

> 人々に認めれられた制度的活動の領域を構成する総体としての組織群である。具体的には，これらの組織群は，主要な供給者，資源と生産物の消費者，規制主体，同じサービスや生産物を生産する他の組織などからなる。
> （DiMaggio and Powell 1983: 148）

　組織フィールドは第5部でみる組織生態学における組織群と重なる概念であるが，顧客，取引先，制度的環境を形作る政府や業界団体を含む点で広範な概

念である。制度的活動（環境）を共有するような「世界」が多様な組織から構成されるという点が組織フィールドの重要な視点である。

　組織フィールドをより身近な言葉で言い換えるならば，「業界」という言葉が最も近いだろう（佐藤・山田 2004）。学校業界，飲食業界などさまざまな業界のなかで，個々の組織は活動している。業界は客観的に範囲を定めることはできないが，曖昧に人々に認識され，業界ごとに特有の「正統」な組織のふるまい方が認められる。業界によってどのように制度的環境が異なるかを考えると，制度と組織影響関係を理解しやすくなる。たとえば，同じ飲食店のスタッフでも，高級フレンチのレストランでのふさわしいふるまいとファストフード店のふるまいは，正統性の基準が異なるだろう。内装や外観，もちろんメニュー構成も異なるだろう。何が正当であるかという価値や規則や常識（制度的環境）が高級フレンチとファストフード業界では基本的には異なるのである。

　制度理論では個別組織だけではなく，業界に所属する業界団体が制度的環境を形作り，業界に固有の慣習や文化，規則などに影響を与えることに注目してきた。これらの業界に属する組織は，同じ制度的環境（規則や価値，自明性）を共有する。制度的環境を形成し，維持することにおいて業界（組織フィールド）は重要な役割を果たす。

　組織フィールド（業界）はその定義の通り，各種のサービスや財を提供する組織を中心としつつ，ほかのさまざまなタイプの組織から構成される。ある特定のサービスや製品を提供する組織が中心となりつつも，規制団体や業界団体が含まれる。これを図に表すと**図 2 - 2**になる。

　たとえば，大学業界は大学そのものだけではなく，大学にかかわるさまざまな組織から成る規制を設定する規制当局（文科省などの行政機関），大学が連携して相互監督や行政への働きかけを行う業界団体（日本私立大学連盟など），大学の経営に関わるさまざまな企業（大学の動向について取材して報道をする専門メディア，大学の運営に経営的な助言などをするコンサルテーション企業），利用者である学生の利益のための団体（学生に必要なサービスを提供する大学での生協，大学に学生の声を代表して働きかける学生団体）も大学組織の組織フィールドを構成するだろう。

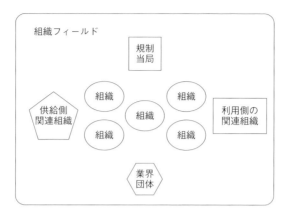

図 2−2　組織フィールドの概念図

　組織フィールドを維持するためには，業界に属する組織の意見を取りまとめ，規制を作り上げる行政機関に働きかける業界団体の働きが特に重要な意味を持つ。たとえば，業界に属する組織や専門職の倫理要綱を設定するなどして業界の構成員が守るべきルールを決める。また，ある業界での利益を増進するために，業界の広報や職員の教育訓練などを行ったり，職員に対しての福利厚生を整えるような働きを持つ組織も存在する。

　組織フィールドは突然に出来上がるものではなく，徐々に形成（成熟化）するものである。組織フィールドの形成過程を DiMaggio は，① 組織間の接触頻度の増加，② 同種の組織に関する情報の増大，③ 組織フィールドの中心と周辺の明確化，④ 組織フィールドの集合的定義，に分けている（DiMaggio 1983）。

　ここで，「子ども食堂」を例に組織フィールドの成立を考えてみよう。子どもの貧困や孤立を背景に，家庭で食事を食べることが難しい子ども向けに，無料（安価）で食事を提供する子ども食堂が，日本では2010年代以降に急速に拡大した。子ども食堂の運営主体はさまざまではあるが，2016年ごろの調査では300団体ほどだった子ども食堂は「こども食堂全国箇所数調査」によれば2020年には少なくとも5000か所で運営されている。子ども食堂は個別に活動する

だけではなく，運営のノウハウなどに関して，全国団体を作り，情報交換をしている（① 接触頻度の増加）。上記でみたような調査結果を発表したり，現在の子どもを取り巻く社会環境の問題を発信し，マスメディアにも働きかけることもある（② 情報の増大）。この結果，マスメディアにいつもとりあげられるような組織フィールドを代表する団体と新規参入の団体などの位置づけが明確化し（③ 組織フィールドの中心と周辺の明確化），子ども食堂の支援に関する政府への提言をし，企業との連携のための団体を作る（④ 組織フィールドの集合的定義）。このように子ども食堂の広がりは2010年代になって明確に組織フィールドが形成された例として捉えられる。

　このように組織フィールドが形成される。そしてフィールドはある程度安定すると，同じような規範や常識，規則などを共有し，これに属する組織は共通の制度的環境からの影響を強く受けるようになる。

2　制度的環境を共有する組織が似通ること
──制度的同型化

　組織フィールドは成熟化するにつれて，そこに属する組織が似通った行動様式を採用する。これを制度的同型化と呼ぶ。同一の制度的環境を共有する組織は正統性を獲得するための行為をとることから行動パターンが似通ることによる現象であり，制度理論のなかでも，もっとも言及されることが多い組織の行動である。

(1) 同型化という現象

　制度理論の主要な問いの1つとして，状況が異なっており，数多くの組織が存在しているにも関わらず，なぜ「組織が似通うか」という問いがある。なぜ多数の組織があるにも関わらず，同じ組織フィールドに属する組織は似た行動パターンをとるのかという主題である。たとえば，コンビニエンスストアの基本的なレイアウトや取り扱う商品は，異なるフランチャイズでも，あまり大き

な違いはない。また，学校でも，カリキュラムも大きく異なっていることは多くはない。基本的な運営や経営のフォーマットは似通ることが多い。制度理論はなぜ組織が似ているのかという問いに対して，制度的環境が影響を与えていることに注目した。

　このような現象を見出した制度理論の研究のひとつに，Tolbert and Zucker による1880年代から1930年代にかけて行われたアメリカの都市における公務員制度改革についての研究がある（Tolbert and Zucker 1983）。この改革は，20世紀初頭に行われ，有力者のコネが公務員の採用・昇進に大きな影響を与える旧来的な仕組みから，個人の業績や能力によって昇進が決定されるという近代的な仕組みに変えるものだった。それまでの研究ではこの制度改革は，中央政府によって強制されたものではなく，一定の合理性に関わる要因のもとで，客観的な評価の仕組みを求めた中間層の拡大などによって導入が決まると考えられてきた。しかし，Tolbert たちが，再分析をした結果，都市の諸変数が与える影響は徐々に弱まっていき，むしろ後発の都市自治体は先発の例を真似して，制度改革を導入していることが分かったのである。組織は，不確実な状況のなかでは他の組織を真似ながら，ふさわしい行動をとる。組織の行動パターンが，類似化することを同型化と呼ぶ。

　同型化は競争的同型化と制度的同型化の 2 つに分けることができる。競争的同型化は営利企業によくみられる現象である。日本の例でも確認できるだろう。たとえば，コンビニを考えると，レイアウトや商品は似通っているが，顧客をめぐる競争のために特定の有効なレイアウトや商品構成しか生き残れない側面がある。競争の結果，類似の行為がとられることもあると考えられる。これは競争的同型化という。

　一方で，社会的な適切さや正統性をめぐって組織が似通うこともめずらしくない。このような同型化を制度的同型化といい，制度理論が特に注目してきた現象である。特に，状況が不確実なときや，組織の目的が達成されるか不明確なときには，同じ業界に属する組織のことを真似することが望ましい選択となる。制度的同型化が頻繁にみられることを発見したことは，文化や価値などの

制度的側面が組織の行動に影響を与えることを示すものであり，制度理論による重要な功績である。

(2) 制度的同型化の 3 つのプロセス

　制度的同型化は 3 つの異なるメカニズムを通じて起こると考えられている。強制（政府のルールに従うこと），規範（スタッフの職業倫理に沿った行動をとること），模倣（他の組織をまねること）である。これは第 1 章でみた，制度の 3 つの側面の区別に対応している。

　規則についていえば，何らかの意図で業界に共有する法律が設定されるとき，組織はこの法律に強制的に従わなければならない。その結果，組織の行動や形態が似通ることがある。これを強制的同型化と呼ぶ。法律などが制定されると組織はその法律に従わなければならず，組織は類似した行動をとるだろう。

　また，規範に関わる同型化もある。これは職業的な価値に関わるものである。たとえば，サービスを提供する組織の場合には，専門職が職業倫理上の望ましい行動をとろうとして，結果的に行動が似通る。

　最後に何が適切な行動であるか，当事者にはわからないときに（不確実性が高いときに），組織は同業の組織の行動をまねることで生き延びようとすることがある。これを模倣的な同型化という。強制，規範，模倣のそれぞれのメカニズムを通して，特定の業界の組織は似通ってくる。これらの同型化のメカニズムは，基本的には業界内部で極端な違いが生じない要因を考える上では有用な考え方である。

　非営利組織については，この制度的同型化が営利企業よりは頻繁に確認できる。何が適切な行動か，はっきりしない不確実な環境のなかでは，自らの存続のためには，他団体の行動を見て学ぶことは有効な戦略である。

　たとえば，大学の例を考えてみよう。大学のカリキュラムは基本的によく似通っている。一部の大学が新しい取り組みを導入して，それに目新しさがあっても，それは比較的すぐに他の大学でも導入される。他の大学が効果的に見えるカリキュラムや授業方式を採用していれば（たとえば，アクティブラーニング），

それを参考として，さまざまな取り組みを取り入れる（模倣）。また，大学は教育サービスを高めるという趣旨で設定された全国的な法律や規則に従う必要もあるので，特に効果的だと認められた取り組みは行政によってルール化される。たとえば，カリキュラムの方針を明確化し公開することは，近年では行政がルールとして各大学に要請するところが大きい（強制）。また，教員の大学を越えたネットワークも，大学のカリキュラムや授業内容について情報を獲得することに貢献し，そのとき適切だと考えられる方向に授業内容を改善することもある（規範）。

　また，制度的同型化は営利企業でも起こる。たとえば，多くの大企業では女性活躍を含めた多様性のある職場づくりを推進している。これは個々の組織が創意工夫して結果的に同じ行為がとられるという側面もあるが，同じ組織フィールドを共有する，組織間の影響関係も大きい。多くの大企業では，他の組織を参考にし，人事制度改革を導入する（模倣）。また，男女機会均等が必要であるという行政の方針に従って，女性活躍に関わる要請がなされ，企業内の採用制度が整備される（強制）。加えて，人事の組織内専門家が他企業の人事担当者とネットワークを持つことによって，多様性を尊重した人事制度を導入する（規範）。

　組織フィールドのなかで制度的環境は共有され，組織フィールドに属するさまざまな組織に影響を与える。これを概念図に表したのが**図2−3**である。行政機関が規則を定めit個々の組織に影響して組織が似通ることもあり，業界団体などが中心となり，職業に関連する規格を統一することで組織が似通ることもある。また組織間で互いに似通る行動をとることで組織が似通ることもある。これらの結果として，同じ組織フィールドに属する組織は全体的に見れば似た行動をとるようになる。業界内での多くの組織が比較的似通った行動をとることは，制度的環境が重要な意味を持つことの現れである。

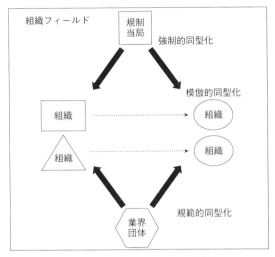

図 2 - 3　制度的同型化の概念図

3　複数の社会的な正当性を求める組織——制度ロジック

　組織フィールドという視点をとると，組織のなかには，1つの業界（制度的な環境）に属すというよりは複数の業界（組織フィールド）に属す組織もあることに気づかされる。特に新興の組織は，他の業界の常識や理念を導入することも少なくない。それによって，既存の組織にはない新しい手法を目的達成のために導入できる。たとえば，社会福祉の領域では社会的企業というビジネスの手法を福祉的支援に応用する組織が現れている。社会的企業は福祉の要素と企業の要素のそれぞれを併せ持つ存在である。

　制度的環境の多様なパターンを区別するために使用される視点を制度ロジックと呼ぶ（Thrnton et al. 2012）。この制度ロジックと呼ばれる考え方は，2000年代ころから積極的に制度理論で強調されるようになった。この考え方のポイントは制度的環境を一枚岩のものとして考え，その強弱のみを考えるのではなく，制度的環境の質的な違いを区別する点にある。

(1) 組織ロジックとその意義

　第1章の議論では，制度は規則，規範，文化・認知の3つの側面に区分できることを示した。組織は正統性を確保するために，制度的環境に従うが，この制度的環境は組織フィールドによって大きく異なることは理解できるだろう。たとえば，学校業界と医療業界に属する組織は社会的な適切さを強く求められる業界（組織フィールド）ではあるが，具体的に従うことが求められる規則や規範，自明性は異なる。このような，特定の制度に規則や規範，自明性を生み出す源泉が制度ロジックである。

　制度ロジックという視点を採用することの効用は2つある。第一に，ひとつの組織が同時に異なる制度的環境のなかで活動することがあるときに，複数の制度を区別することができる。第二に，組織が活動する背景にある制度的環境が歴史的に変化したときに，その変化をとらえやすくする。

　たとえば，野球やサッカーなどのプロスポーツチームを考えてみよう。プロスポーツチームの多くは，スポーツが持つ価値にコミットしている。また，多くの場合，最終的にはあるリーグやトーナメントなどの勝利を目指している。その一方で，運営する試合が興行として成立し，採算をとらなければならない。スポーツとしての卓越性を高めるだけではなく，商業としてもある程度の成功をしなければ，プロスポーツチームとして成功とはみなされない。同じことは，大学などの教育機関にも言える。研究や教育などの学的探究を尊重するという考え方が重視されながらも，経済的成果を生み出すような商業的な側面も近年では重視されている。大学を取り巻く制度的環境に関して，科学の探求や教育の充実だけではなく，商業的な要素が強くなっていると考えることができるだろう。

(2) 制度的多元性とハイブリッド組織

　先に挙げた制度ロジックの2つの利用法のうち，複数の制度的環境の併存について検討しよう。このような組織は特別なマネジメントが必要になることが多い。

　先ほど見たように社会福祉の領域では，社会的企業と呼ばれる組織が注目されている。社会的企業とは，ビジネスを通じて社会問題の解決を担う組織である。社会的企業という組織形態は，社会福祉や文化芸術，環境保護などの社会的課題を追求しながら，ビジネスの側面を重視する。社会的企業のような複数のタイプの正統性を重視する組織をハイブリッド組織と呼ぶ（**図 2 - 4**）。

　この例として，障害者を雇用しながらパンを販売する社会的企業をあげよう。社会的企業は 2 つのタイプの社会的な正統性のあいだで，葛藤しながら活動している。たとえば，障害のある人は，経営者の要請にこたえる労働者としても扱われ，また支援をされることが求められる人としても扱われる。労働者として，最低賃金などの労働法規は原則的に守られる必要があるし，各種の社会保険の対象となる。一方で，障害者の仕事のサポートをする人が企業で配置され，支援がなされる。社会的企業での障害者は支援の対象となりながら，労働者として扱われる。また，経営的な意味でも社会的企業は複数の目標を同時に達成することが求められる。障害者雇用を進める社会的企業は，何らかの社会的な使命を追求することが求められながらも，利潤をできるだけ高めることも必要となる。社会的な使命も効率性も同時に追求することが求められるのである。社会的企業は福祉的な配慮も求められるとともに，商業的にも自立しなければ

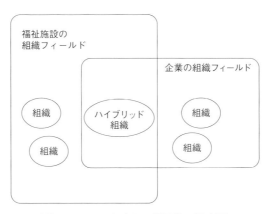

図 2 - 4　ハイブリッド組織の概念図

ならないという，複数の実践を導く論理が併存している状況にあると言える。

　障害者雇用に注力しながら，ビジネスを行う社会的企業は複数の正統性の基準を持つことにより，毀誉褒貶の激しい組織であると言える。伝統的な福祉施設では弱いことの多い効率性や競争力を持つこと，また，一般企業にはない社会貢献的な志向を持つことからマスメディアなどで肯定的にとりあげられることも多い。この場合，社会的企業は先進的な問題解決の事例として賞賛される。一方で，それらの点は批判の理由ともなる。事業を成立させるために，市場の論理に従うと営利主義的であると批判されることもある。また一般企業の論理からすると，不必要に経営的にコストがかかる人を雇用しているという理由で批判される。このような経営の難しさの背景には基準となる正統性が異なることがある。社会的企業のようなハイブリッド組織は，ときに恣意的な基準からその正統性を批判されることもある。

　社会的企業のように複数の制度的環境における正統性を得ようとする組織は，複数のロジックが併存する状況のなかでの難しいマネジメントが必要になる。自らの組織が，社会的に正統であることを示すために，状況に応じて異なる形の正統性の基準にかなっていることを都度アピールし，生き延びる必要があるのである。

4　まとめ

　組織と制度の関係性に注目する制度理論では，個別組織だけではなく，同じ制度的環境を共有し，作り上げる「組織フィールド」という組織の集合にも注目してきた。

　組織フィールドという単位で考えることで，制度的同型化などの現象を捉えることができる。組織フィールドが成熟しているときには組織間の相互作用などにより，行動パターンの類似化が見られる。これらの同型化は似たような行動様式をとることが合理的なためであるという理由だけではなく，法の順守や，職業意識の尊重，互いの行為の模倣などのメカニズムを通して起こる。また，

制度的環境の質的な多様性を示すために制度ロジックという概念が用いられることもある。制度ロジックの視点をとることで，複数の業界に属すような組織の経営の特徴や難しさを描きだすことができる。

　このように制度的環境はさまざまに組織や組織の集合に影響を与える。ただし，これらは一方的な働きかけではなく，逆に組織が主体的に制度に働きかける側面もある。次章ではこの側面を特に検討する。

引用文献　　　　　　　　　　　　　　　　　　　　　　　　　　　　Reference ●

DiMaggio, P.J. and W.W. Powell 1983, "The Iron Cage Revisited: Institutional Isomorphism and Collective Rationality in Organizational Fields," *American sociological review*, 48(2), 147-160.

DiMaggio, P., 1983, "State Expansion and Organization Fields," R. H. Hall and R. E. Quinn eds., *Organization Theory and Public Policy*, Sage Publications, 147-161.

佐藤郁哉・山田真茂留, 2004,『制度と文化——組織を動かす見えない力』日本経済新聞社.

Tolbert, P.S. and L.G. Zucker, 1983, "Institutional Sources of Change in the Formal Structure of Organizations: The Diffusion of Civil Service Reform, 1880-1935," *Administrative Science Quarterly*, 28(1), 22-39.

Thornton, P.H., W.Ocasio and M. Lounsbury, 2012, *The Institutional Logics Perspective: A New Approach to Culture, Structure and Process*, Oxford University Press.,

第 **3** 章

制度的環境をつくりだす組織の働き

> Key words：デカップリング（decoupling），制度的起業家（institutional
> entrepreneur），制度的ワーク（institutional work）

1　無力な主体としての組織？

　これまでの2つの章では，制度がいかに組織にとって影響を与えるかを中心的に見てきた。

　この考え方を突き詰めると，組織は規則，規範，文化・認知的な制度的環境の要素に制約されるばかりで，自ら判断して行動する余地はないように見えるかもしれない。実際，初期の制度理論では組織は自律的に行動するのではなく，制度的環境に配慮するために，「合理性」は制約されるという側面を特に強調してきた。組織の自律性を認めない見方は，規則にがんじがらめにされ，社会的な価値を気にして，常識から外れない組織の受動的な姿ばかりを強調しているようにも見えてしまう。

　しかし，組織は一方的に規則，価値，常識の影響を受けるだけではない。実際の組織は，規則の網の目をかいくぐり，制度的環境に対しても自らが有利になるように働きかける。そして，組織は「合理的に」正統性を獲得するための働きかけを行うこともある。

　たとえば，制度派組織理論が早くから注目してきた組織の行動として，デカップリング（decoupling）と呼ばれる組織の行為のパターンがある（Meyer and Rowan 1977）。デカップリングとは，制度理論の文脈では，制度的環境が公式

的に要請する行動と，実際に組織がとる行動を意図的につなぎあわせないこと
や切り離すことを指す。何かルールや規範が設定されたとしても「やったふり」
をして，実際の行動を変えないこと，あるいは「現場の実態」に併せて規則を
無視することは広く見られる。

　たとえば，ワークライフバランスを推進するために大企業では男性の育児休
業取得が推奨されている。男性の育児休業取得は重要な政策目標となっており，
社会のなかでも好ましいとされている。ただし，一部の企業ではコストを避け
るために数日程度のごく短期間だけの育児休業の取得を促し，取得割合を高め
る例がある。政府の政策趣旨にはかなわないものであるが，育児休業取得率は
高いように見せることができ，少なくとも数字だけ取得率を高めることは社会
的価値にも沿うものである（もちろん，個人にとっても短期間でも育児に関わることは
意味があるだろうが，社会的期待とのずれは見られるだろう）。名目的にルールや社会
的な規範に併せて，実態は大きくは変えないことは広く見られることである。
このように制度的環境と実際の行為をつなぎあわせないこと（＝デカップリング）
は制度的圧力への戦略的対応として早くから，組織理論でも注目されてきた。

　さらに，より主体的に制度的環境に働きかける組織の行動も近年の組織理論
では重要なテーマとなっている。近年，制度論では，制度的環境にがんじがら
めにされる「無力な主体」として組織を捉えるのではなく，組織の能動的な制
度的環境への対応を明らかにしてきた。意識的に制度的環境に働きかけ，自ら
の正統性や競争力を高めることも組織と制度の関係のなかでは重要な局面であ
る。文化的環境に対して，意識的に制度的環境を維持し，制度的環境が不適切
だと判断する場合には，制度的環境を解体し，新しい制度的環境を作り出すこ
ともある。

　たとえば，ダイバーシティの追求に対して，現代の日本企業はより敏感になっ
ている。規則としても規範としても自明性に関しても，企業は正統性を失わな
いように組織の行動を変容させている。そのなかで特にダイバーシティの推進
により積極的な立場をとる企業は，自分の組織のなかでより積極的にマイノリ
ティの管理職への登用を進めるだけではなく，より対外的な活動にも力を入れ

る。たとえば，ダイバーシティの推進が業界の文化や，社会一般に対して，伝統的な規範や価値観が問題であることを訴えかけること（常識や価値観を変える），また法律を変えるために政府への働きかけも行う。これらは規則，規範，自明性といった，制度的環境を変容するような働きかけである。

　組織が業界の文化を変えようとする動きは，組織が一方的に制度的環境の影響を受けるというだけではなく，制度的環境を創出し，維持し，また，既存の制度的環境を解体する局面を表している。組織は，戦略的，意識的に制度的環境に働きかけ，ときには制度的環境を変容させてしまうことがある。

2　制度に働きかける組織――制度的起業家と戦略的な反応

　制度理論では，文脈や環境による組織への制約を強調してきた。しかし，組織は文脈の影響を一方的に受ける「無力な主体」ではなく，これらを変容させ，新しく作り出す。また，組織もまた制度的環境からの圧力に対して，戦略的に反応して，組織にとって最適な行動をとる。これは，資源依存理論で検討したところの「影響力」をめぐる議論と重なっている。資源依存理論では社会的要素を含めた外界をコントロールしようとする側面に注目をしてきた。制度理論でも，組織を取り巻く制度的環境をさまざまにコントロールし，変容させる側面に注目してきた。

　特に，制度的環境に対する意識的な組織の反応や働きかけの議論には2つのルーツがある。第一に，DiMaggio（1988）による制度的起業家の概念である。第二に，Oliver（1991）による制度への戦略的反応の研究である。制度的起業家や戦略的反応は，両者とも組織を自律性のある主体として扱っている。

(1) 制度的起業家

　制度理論における，制度的環境の創出の側面の端緒となる概念は，DiMaggioによる制度的起業家である。DiMaggioは組織が制度的環境や業界を変容させたり，新しい制度的環境を作り出すことに早くから言及してきた。DiMaggio

は，「新しい制度は，組織された十分な資源を持った主体（制度的起業家）が，その組織が置かれている状況のなかに，自らの利益を高める機会を見出すとき成立する」（DiMaggio 1988）と述べた。

　組織をとりまく制度的環境が大きく変容する例として，日本における NPO 法の成立をとりあげよう。日本では行政から独立した非営利組織の法人格を取得することは1998年までは資産の要件などの条件が厳しく，簡単ではなかった。そのため，多くの小さな規模の非営利組織は法人格を持たず，組織としては契約主体になることも，銀行口座を持つことも難しかった。1998年に特定非営利活動促進法という法律が成立してから初めて，特に大きな資産を持たない団体でも NPO 法人という形で法人格を持つことができ，活動の安定性が高まった。これは日本の市民活動の姿を大きく変えたと言える。また日本の市民活動や教育・福祉などに関わる人々にとって，利用可能な規制的な環境が変わったことを意味する。このような制度的環境が大きく変わった背景は，さまざまである。ただし，ここで大きな役割を果たしたのは「シーズ」という非営利組織であった。シーズは海外から NPO に関わる情報を積極的に受容し，議会に働きかけると同時に市民への広報活動も精力的に行い，NPO 法を成立させた。市民活動の制度的環境を大きく変えたシーズは制度的起業家の典型例であると言える。

　制度的起業家は人々を動員し，議員に働きかけ規制を改革させる。このようにして，それぞれの組織は，自らの社会的な正当性を確保するように行動することや，営利企業や非営利組織は望ましいと考える社会を作り出す側面を制度的起業家という考え方によって認識することができる。

(2) 組織への戦略的な対応と脱制度化

　制度的起業家のように組織をとりまく制度的環境を一変させるだけではなく，より日常的に組織は正統性を高めるために，制度的環境の圧力に対応している。

　この制度的環境の圧力に対応する組織の行動を理論的に整理したのが，経営

学者の Oliver である。Oliver は，制度的な圧力に対して，組織は戦略的な対応をすることを強調し，これを5つのタイプに整理した（Oliver 1991）。5つの戦略的対応とは，「黙従」，「妥協」，「回避」，「拒否」，「操作」である。

　組織は特定の制度的な圧力にさらされたときに，制度的圧力に従うだけではない。むしろそのような圧力に対して自分の組織が有利になるように圧力に対処する。たとえば，専門職を養成するための学校を例にしてみよう。特定の医師や学校教員，ソーシャルワーカーなどの専門職養成に際して，大学などの教育機関に対して特定のカリキュラムを教えることを定めることがある。専門職の技能や知識の質を保つために重要なことである。ただし，新しいルールの設定は，教育機関にとって実習先の確保や専門の教員を採用しないといけないことなどから重い負担になることがある。

　「無力な主体」像の組織理論では，このように制度的圧力がかけられたときに，黙々と新しい規則や規範に従うと考えてきた。これは Oliver が「黙従」と表現した組織の行動である。これによって教育機関は確かに正統性を確保することができるが，ほかにも組織は正統性を確保するための対応策はある。

　たとえば，各教育機関は制度的圧力に対して，抵抗することがありうる。教育機関は，政府や専門職団体と交渉することもひとつの戦略である。この過程で，大学を除外対象としてもらうよう交渉したり（妥協），また，デカップリングのように既存のカリキュラムについて内容を変えずに，外見だけ修正することや，極端な場合には，その業界団体から離脱することもありうる（回避）。さらに，より過激ではあるが，カリキュラム改正が不当であるならば，ルールの押し付けを無視することで拒否することもある（拒否）。さらには，専門職団体に対して，自分の言うことを聞くような代表者を送り込むことでルール自体を変更してしまうこともありうる（支配）。これらのうちどのような対応がとられるか，また，有効かは組織間の力関係によるが，組織が制度的環境の変化や強化に対して従うだけではないことは理解できるだろう。

　このように組織は制度的圧力を見極めてから，自らの組織が有利になるように「戦略的」に対応を模索する。Oliver は，組織が一方的に影響を受けるの

ではなく，組織が主体的に制度的環境に働きかける側面を整理したのである。

3　組織による制度的ワーク（Institutional work）

「制度的起業家」や「戦略的な対応」などの組織の制度的環境への主体的な側面は近年ではより積極的に研究されるようになっている。Lawrence and Suddaby らは「目的的行為，制度を創造し，維持し，かき乱す目的のある行為を幅広い分類」を制度的ワーク（Institutional work）と概念化した（Lawrence and Suddaby 2006）。組織は，制度的ワークによって制度に働きかけることで，自らの正統性を確保するような行動をとる。

Lawrence and Suddaby は，制度的ワークを 3 つの局面に分けている。第一に，制度的環境を創造する局面，第二に，制度的環境を維持する局面，第三に，制度的環境をかく乱する局面である。さらにそれぞれの制度的ワークは，規則に関わるもの，規範と認知に関わるものに分類できる（表 2 - 3）。順にこれらの制度的ワークについてみてみよう。

(1) 制度を創造するための制度的ワーク

組織が制度を作りあげる局面は，制度的起業家などの議論と重なっている。特に典型的なものは，規則（法律）に関わる「アドボカシー」と呼ばれる行為である。組織は，自らが有利になるように，ロビイングをしたり，社会運動を組織したりして新しい規則を作るよう働きかける。また，ルールを新しく作り出さないまでも，既存のルールを読み替えて関係する人々を「定義」しなおすように働きかけることがある。営利企業であっても非営利組織であっても自ら

表 2 - 3　制度的ワークの代表的なレパートリー

	規則	規範・認知
制度の創造	アドボカシー・定義	アイデンティティの構築・理論化
制度の維持	監督・抑止	神話化
制度のかく乱	罰則の切断	倫理的基盤の解体・前提と信念の弱体化

の活動において，より有利な法律を設定する，あるいは修正するために政府に
働きかけることは，非市場的な戦略として多く見られることである。

　また,規範や認知の創出に関わる制度的ワークもある。代表的なものとして，
「アイデンティティの構築」がある。たとえば，組織は構成員にそれまでにな
い役割を期待する。たとえば，社会福祉の世界では，社会福祉施設は勤務する
専門職（ソーシャルワーカーなど）に対して，よりマネジメント志向（経営感覚）
を備えるべきだとの主張が目立つようになっている。これは専門職に新しい役
割を付け加えているものである。

　また,「理論化」という制度的ワークもある。直面するさまざまな個別具体
的な課題や解決策をモデル化し，その意義を正統化するものである。理論化に
成功した場合，その組織にとって利益になるだけではなく，新しい通念が生じ，
それによって，組織の正統性が高められる。

(2) 制度の維持をするための制度的ワーク

　制度は一度成立したあとは自然に維持されるわけではない。業界に属する組
織や関連する業界団体によって，維持されることが必要になる。制度的環境を
維持する活動なしでは，制度的環境自体の正統性が疑われ，効力が弱まってし
まう。その制度が持続してほしいと考えるときには，組織は制度を維持するた
めの制度的ワークを行うことがある。

　法律があったとしても，それが守られないと意味がない。そして，先に「デ
カップリング」や「戦略的反応」でみたように組織はときに，規則を骨抜きに
してしまう。それが横行してしまうと，制度的環境自体の正統性が失われてし
まう。そこで，特にその制度的環境の維持に関心のある組織は，ルールが守ら
れているか監視し,違反しているものに必要があれば罰則を与えることがある。
これを「監督」という。また，既存の制度的環境が新しい制度に変わらないよ
うに（前章で検討した制度ロジックが変わらないように），既存の規則を変更させよう
とする動きに抵抗する抑止と呼ばれる行動をとることがある。

　制度の維持に関する規範や認知に関わる制度的ワークとしては，規範によく

従う人々や組織を積極的に評価することがある。たとえば，何か特定の分野で優れた活動をしている企業は「〇〇アワード」といった名称で栄誉を与えられることがある。行政や業界団体が特に模範的な企業や非営利組織を表彰することがある。これは，組織の正統性をより強化するだけではなく，賞を与える仕組みがあること自体がまた，その制度的環境を強くするのである（権威付けする）。認知に関わるものでは，「ルーティーン化」は広く見られる制度的ワークである。さまざまな組織で広くみられる「前例踏襲」はこのようなルーティーン化のひとつの例である。これはルーティーン化することで，変化を事前に抑制するという意味で，制度の維持に貢献する。

(3) 制度的環境のかく乱のための制度的ワーク

組織は制度的環境が自らの組織にとって不適合だと考えるときや，より望ましい制度的環境を整えることが必要だと考えるときには，自らの組織を変えるだけではなく，環境自体を変容させる。そのためには既存の制度的環境を弱くすることが，新しい規則や規範や常識を創り出す上では重要な準備作業である。

たとえば，法律に関して組織は法律とそれを違反した罰則の間の結びつきを弱めることを行うことがある（「罰則の切断」）。たとえば，ある組織が独占している市場に関して，独占を導く法律を廃止させ，自らも含めた他の組織が参入しやすくさせるような道筋を作ることがある。また，新しい規範や自明性を導入しようとする組織は同時に自明視されている制度を崩すための働きかけを行う（「倫理的基盤の解体」・「前提と信念の弱体化」）。特に新しい制度を作りたいと考えている組織が，ステレオタイプやルーティーン化されていた慣行を批判することはよくみられる。たとえば，ジェンダー平等を志向するような企業は，古臭いものとして家父長制的な雇用慣行をとる企業を批判する。新しい規範や自明性を作り出し，それに正統性を持たせるためには，同時に既存の規範や自明性を掘り崩す必要がある。

＊　＊　＊

制度的ワークはさまざまな形があるが，特に創出の局面に焦点化して，それ

を単純化したものが**図2-5**である。ここでは典型的な規制の設定主体として規制当局を，また，価値の設定主体として業界団体を，自明性の設定団体として顧客を想定した図を描いている。組織は規制や価値，自明性の制度的圧力を一方的に受けるわけではない。逆に，それぞれの主体に，新しい規制のための要望（アドボカシー）や，ある組織についての新しい価値観（アイデンティティの構築）を提示したり，新しいカテゴリーを創出する（理論化）。このようにして組織は戦略的に自らの正統性がより高まるような行動をとる。

4　まとめ

　組織は，制度的環境のなかで文化や価値の影響を受けながら活動している。その一方で，組織は一方的に制約を受けるばかりではなく，戦略的に対応し，制度的環境を新たに作りだす。また，組織は制度的環境である文化や価値を変容させる。

　組織が制度的環境に働きかけ，制度的環境が新しい形で組織に影響を与えるという相互作用が見られる。この相互作用を理解することで，組織とそれを取り巻く環境の相互作用はよりよく理解できるだろう。文化や規範の受け手とし

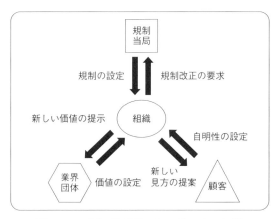

図2-5　制度的環境と相互作用する組織

てだけではなく，社会変化の担い手としての組織を描き出すことができる。

　制度的環境もまた，組織によって変容していくという側面を考えてみると，新しい価値観が自動的に生じるとは言い難いことが理解できるだろう。そこでは何らかの働きかけがあり，既存の伝統や文化を守るものと新しい考え方を導入しようとする組織間の価値判断や自明性をめぐるコンフリクトが確認できる。このように，組織の環境と個々の組織の活動を動態的にとらえることが制度理論を通すことで理解できるのである。

引用文献　　　　　　　　　　　　　　　　　　　　　　　Reference ●

DiMaggio, P., 1988, "Interest and Agency in Institutional Theory," L. G. Zucker ed., *Institutional Patterns and Organizations Culture and Environment*, Ballinger Publishing Company, 3-21.

Lawrence, T. B. and R., Suddaby, 2006. "Institutions and Institutional Work," *The Sage Handbook of Organization Studies*, 215-254.

Meyer, J. W. and B. Rowan, 1977, "Institutionalized Organizations: Formal Structure as Myth and Ceremony," *American Journal of Sociology*, 83（2）, 340-363.

Oliver, C., 1991, "Strategic Responses to Institutional Processes," *Academy of Management Review*, 16（1）, 145-179.

第 2 部のまとめ

制度理論の 3 つの視点
1．制度（規則や価値，常識）は組織の正統性に影響を与え，組織はそれに適応して活動している。
2．組織は、組織フィールド（業界）を形作り，そのなかで似通った行動をとることがある。また複数の業界に属すような組織は，複数のしきたりに従う必要がある。
3．組織は制度的環境に働きかけ，自らの有利になるように制度的環境を変えられる。

第3部

組織活動はモノやサービスの
やりとりで成り立っている

取引費用理論

大平剛士

　組織活動はモノやサービスのやりとりにもとづく取引で成り立っている。このような取引の視点から，他の組織との関係や組織のカタチの変化を説明するのが，取引費用理論である。

　モノやサービスの取引には，モノやサービスそのものの価格以外の隠れたコスト，すなわち取引費用が存在し，取引費用にもとづいて大きく3つの取引の種類の中から選択される。そのような取引費用は，取引を行う人間に関わる要因や，取引の状況に関わる要因によって高まる。近年，取引の状況や社会の変化によって，取引費用も上下しており，他の組織との関係や組織のカタチもそれに応じて変わりつつある。

　本書巻末の「付録　社会学領域の組織理論」では，「トランザクション・コスト・エコノミクス理論」として紹介されている。

組織におけるモノやサービスの取引

1 取引とは

　私たちは普段，企業からさまざまなモノやサービスを購入している。モノとは，コンビニで売っているお弁当のように目に見える形で作られた商品である。サービスとは，動画配信サービスの映画のように目に見えない形で作られ，生産と同時に消費される商品である。

　企業も私たちと同じように，モノやサービスを他の企業から購入している。たとえばコンビニでは，お弁当を作るために，多くの食材を契約農家から購入し，プラスティック容器を外国企業から安価で輸入し，お弁当の製造を食品工場に発注している。また動画配信会社は，映画や動画を制作する会社からコンテンツを配信する権利を購入している。さらに言えば，そもそも動画制作会社は，テレビ局や芸能事務所，脚本家，監督などさまざまな組織や個人と契約を結んだ上で映画や動画を制作する。つまり，それらの組織や個人から，脚本や演技といったモノやサービスを購入しているのである。

　これらのモノやサービスのやりとりは，取引（とりひき）と呼ばれる。人や組織がモノやサービスを消費する際に取引は行われるが，そのモノやサービスを生み出す過程も取引で成り立っている。さらに，組織内にいくつかの部門（部

や課など）があるような大きな組織では，その同じ組織の中でも取引が行われ
ている。たとえば大きな自動車製造会社では，自動車を作る工場などの製造部
があり，同じ会社には別に営業部があって，自分たちが製造した自動車を宣伝
し，販売している。この場合，製造部は自動車というモノをつくって営業部に
提供し，営業部は自動車を製造部の代わりに宣伝・販売するサービスを製造部
に提供している。同じ社内のことなので，売る―買うという金銭的なやりとり
は発生していないが，社内の製造部と営業部のモノやサービスの取引によって，
自動車製造会社という組織の活動が成り立っている。このように組織は，組織
の内でも，モノやサービスの取引をしている。

　そして，この取引の様子をさらに詳しく見てみると，たとえば同じ自動車製
造会社であっても，ある会社は他の組織からネジやその他の部品を買って調達
する（部品というモノを組織外から仕入れるという取引）のに，別の会社は，金属や
ゴム，石油などの原材料を自ら仕入れて（原材料というモノを組織外から仕入れると
いう取引），自社で採掘・加工をして部品を生産して製造部に渡す（部品の製造と
いうサービスを組織内で調達するという取引）など，同じ業態でも組織によって取引
の方法はさまざまであることがわかる。極端な場合には，いくつかの完成した
部品や材料などを下請け企業と呼ばれる会社から購入して（部品というモノを組
織外から仕入れるという取引），最後の組み立てや点検だけを自社工場で行い，宣伝・
販売を引き受ける別の会社に完成品を納品する（宣伝・販売というサービスを組織
外から調達する），という会社もあるかもしれない。

　まずは，取引にはどのようなタイプがあるのかについて，レストランにおけ
る野菜の仕入れを例に説明する。

2　取引の3つのタイプ

　少し都会から離れた自然が豊かな街には，3つのレストランがある。いずれ
の店にも人気メニューがあって野菜が使われているが，使われている野菜の種
類や仕入れ方は異なっている。

　最初のレストランは駅前にあって，地元の人々から親しまれている。近所に住む夫婦が30年前にオープンした店で，長年の常連客も多い。この店の人気メニューは，手作りの野菜カレーである。カレーに入れる野菜は季節によって異なり，その季節の旬の野菜が入る。野菜は，夫婦が毎朝，店の近くにある野菜市場に行って，季節の旬のものを買う。その野菜市場には，地元の農家の人たちが作ったさまざまな値段や品質の野菜が並べられている。見た目は悪くても，値段が安いものも少なくなく，多くの飲食店の人たちがその市場で野菜を仕入れている。

　2つめは，国道沿いにあって誰もがよく知る全国展開のファミリーレストランである。とりわけの人気メニューは，ニンジンとジャガイモが添えられたハンバーグセットである。ハンバーグセットは，全国1000店舗に共通するメニューの1つであるため，全国の1000店舗分のニンジンとジャガイモが必要となる。そこでこのファミリーレストランの本社が，北海道をはじめとする複数の地域の契約農家からニンジンとジャガイモを一括して大量に仕入れている。こうして年間を通して，ファミリーレストランが求める安定した量と品質のニンジンとジャガイモを調達することができる。また，大量購入をするので価格をおさえることができ，農家にとっては，複数年契約を結ぶことによって，安定的な収入を見込むこともできる。

　3つめのレストランは山のふもとにあって，高級フレンチ料理のお店として知られている。シェフは都心にある三ツ星レストランで経験を積んだ後，5年ほど前にこの街に店を開いた。新鮮な野菜をふんだんに使ったコース料理が人気である。それらの野菜は，レストラン専属の農業スタッフであるシェフの長女によって，レストランの隣の畑で栽培されている。山から流れる綺麗な湧き水で野菜は育てられ，海外を原産とする珍しい品種も含まれている。この長女は農業大学卒業後，都内の企業に勤めたのち，地元に戻ってきた。大学時代に学んだ農業の専門知識と企業での経験が，顧客のニーズにあわせながら野菜を育ててレストランに提供する今の仕事に生きている。

　さて，以上の3つのレストランは同じレストラン業でありながら，取引のタ

イプが異なっている。人気メニューで使われている野菜の特徴によって，野菜
の仕入れ方法，つまり取引の種類が異なっているのである。

表3-1を見てほしい。

まず，1つめの地元のレストランの人気メニューは，手作りの野菜カレーで
ある。使用する野菜は旬のもので，見た目が悪くてもかまわない。これらの野
菜は低価格であることが多いので，このレストランは，安価でおいしい野菜カ
レーを地元の人々に楽しんでもらうことができる。この場合，地元の野菜市場
で毎日購入するのが，最もコスパがよい。これを，市場取引という。ちなみに，
野菜市場も市場取引も，同じ「市場（しじょう）」という言葉を用いているが，
野菜市場の「市場」は，「いちば」と呼ばれるような，屋外でたくさんの魚屋
や八百屋などのお店が集まっている場所のイメージに近い。一方で，市場取引
の「市場（しじょう）」とは，どこか目に見えるような一か所に多数の組織が集まっ
て売買しているというわけではなく，ある商品が多くの売り手や買い手の企業
によって売買されて価格や数量が決まるような経済学で用いられる概念上の場
所を指している。

2つめのファミリーレストランは，契約農家から野菜を仕入れることで，大
量の野菜を，品質ともに安定的かつ比較的低価格で調達することが可能になっ
ていた。これを，組織間連携にもとづく取引という。ファミリーレストランと
農家という異なる組織が契約によって連携し，野菜というモノを調達する仕組
みである。

表3-1　3つのレストランの取引の種類

	地元のレストラン	ファミリーレストラン	フレンチレストラン
人気メニュー	手作り野菜カレー	ニンジンとジャガイモが添えられたハンバーグセット	野菜を使ったコース
必要とする野菜	見た目が悪くても可 安い 旬の野菜	大量に必要 安定した品質 比較的低価格	少量 海外原産の野菜 採れたてで新鮮
調達法	野菜市場で購入する	契約農家から仕入れる	専属の農業スタッフが栽培する
取引の種類	市場取引	組織間連携にもとづく取引	組織内取引

　３つめのフレンチレストランは，いわば自家栽培である。育てられる野菜は少量だが，新鮮で，他では食べられないような海外原産の珍しいものも含まれ，シェフの考えたコースに合っている。採れたてで新鮮という高品質も，レストランのすぐ隣で栽培することによって可能になっている。この場合の野菜の調達方法は，組織内取引に分類される。レストランで料理を作る部門であるシェフと野菜を栽培する部門である長女の間の取引で，野菜が調達されていると整理できる。

3　取引費用とは

　同じ野菜を仕入れるのに，取引のタイプが異なるのは，なぜか？

　あなたが，ひとつめの地元密着型レストランのシェフであるとして，考えてみよう。野菜カレーの値段は，長年，変えていない。地元の人々に長年愛されてきたメニューでもあり，低価格で提供したい。そのなかで利益を出すためには，できるだけ野菜の仕入れにかかる経費をおさえたい。そして，その目的に最もかなう方法が，市場取引，つまり，野菜市場での購入なのだ。

　では次に，あなたが全国展開をするファミリーレストランの仕入れ責任者であったとする。地元密着型レストランは「市場取引」のほうがコスパがいいのに，なぜ，あなたのファミリーレストランは，「組織間連携にもとづく取引」を選択しているのか？

　あなたのファミリーレストランは全国にあるので，それぞれの地域で野菜を調達する必要がある。つまり，どのような野菜がどのような農家で栽培され，その品質はどうなのか，大量生産はできるのかを，全国規模で確認しなければならない。インターネットがなかった時代であれば，電話帳の一覧に掲載されている野菜の卸売りを扱っている会社に電話をしたに違いない。最近であれば，インターネットを使って，「野菜　卸売　会社」と検索すれば多くの情報が得られるが，それでも最終的には，電話や対面での確認が必要であり，商工会議所のような野菜を取り扱う業者が集まる場で紹介してもらうといったことも必

要だろう。こうして野菜を調達してもらう取引先を探すためには，電話代や訪問するための交通費，また取引先を探すスタッフの人件費などがかかる。

　加えて，交渉にも手間暇かかり，そこにコストが発生する。ファミリーレストラン側が求める価格や品質，量などと，農家側の生産費用，豊作時や不作時の対応方法などのさまざまな情報をもとに，双方が納得できる内容で契約できるまでは何度かの交渉が必要になるだろう。そして，最終的に合意に至ったとしても，そのような合意内容は口約束というわけにはいかないため，法律の専門家を雇って書面の契約書を作成することが必要になる。

　さらに野菜は，購入後に品質に問題が発覚することがある。調理時に中身が腐っていることがわかったり，食べて変な味がしたりという場合である。そこで，まずは契約通りの品質の野菜が仕入れられていることをチェックするために，ファミリーレストラン側が独自に品質を確かめるような機械やシステムを導入する必要がある。事前にファミリーレストランの調達部門のスタッフが契約農家の農場を訪れて，栽培や収穫の工程で品質管理に問題がないかをチェックする場合もあるだろう。そして，ここまでしても納品された野菜に問題があれば，一般的には交換や返金に応じる取引先がほとんどだろうが，ただ，交換や返金の手続きにも，取引先への電話代や対応するスタッフの人件費等がかかる。

　さて，以上の事柄を，野菜のシーズンが変わるごとに繰り返さなければならないとしたら，どうだろう。莫大な手間とコストがかかる。つまり，仕入れる野菜の値段を低く抑えることのみでなく，野菜を仕入れることに関わるコストをいかに節約するかが重大な問題なのである。

　このように，取引先を探すことや，取引先との契約交渉・締結を行うこと，契約履行を監視することなど，モノやサービスそのものの価格以外に，モノやサービスを調達しようとする際に発生する隠れたコストのことを，取引費用という。そして，全国展開のファミリーレストランの場合は，そのような取引費用が地元のレストランよりもかかってしまう。先の地元密着のレストランの場合，シェフと奥さんが毎回決まった野菜市場に買い出しに行くので人件費もか

からず，取引費用はほぼゼロであったのとは対照的である。そこでファミリーレストランは取引費用を節約するために，地元密着のレストランとは異なる方法を選択する。つまり，組織間連携にもとづく取引による野菜の調達である。契約農家から野菜を仕入れる場合，価格は一定に設定しているので，野菜そのものの値段は野菜市場で購入するよりも高くなる可能性もある。しかし，決まった農家からルーティーンで調達をすることによって，新たに取引先を探して契約交渉・締結を行うためのコストを節約できる。また，取引を重ねるうちに農家とファミリーレストランの相互理解と信頼も深まるので，監視や品質チェックにかかるコストも減らすことができるだろう。こうしてファミリーレストランは相対として，野菜の調達にかかるコストを抑えることができるのである。

　ちなみに取引費用の概念は，1991年にノーベル経済学賞を受賞したロナルド・コースが「市場取引を利用する費用」と呼んだものであるが，2009年にノーベル経済学賞を受賞したオリバー・ウィリアムソンが，その費用を「取引費用（transaction costs）」と定義した。

4　生産費用とは

　では，3つめの高級フレンチレストランの場合は，どのように説明できるだろうか。

　レストランのシェフは料理を作るのは得意でも，料理に使う野菜までは育てたことがない人がほとんどだろう。野菜を栽培するなら土地も必要となる。レストランで使う野菜の量が多くなると，農業機械や人手も必要になる。そもそも野菜の作り方がわからない場合もあるだろう。にも関わらず，三つ星レストランで修業したようなシェフが，どうしてそのような手間暇とコストをかけて，わざわざ野菜を自ら育てる組織内取引を選択したのだろうか。

　このレストランが求めるような特殊な野菜は，一般の市場では見かけない野菜である。そのような野菜を調達するためには，直接自分が野菜を買い付けに出かけたり，日本の各地や外国に自ら足を運んで農家の人と契約を結ぶ必要が

あるだろう。そのためには旅費もかかる。また，新鮮さも要求されるため，野菜の品質管理のコストも必要となる。つまり，市場取引や組織間連携にもとづく取引においては，取引費用が高くなってしまう。

　そこで，長女が登場する。レストランの隣で，野菜を栽培するのである。そのためにはもちろん，土地代や人件費，野菜の種や肥料，水，野菜を多く作るほど増えていく費用（変動費用）や，農業機械の購入費用などのコストがかかる。これを生産費用という。そしてこの高級フレンチのレストランの場合は，市場取引で野菜を調達する費用や組織間連携で野菜を調達する費用よりも，必要とする野菜を自ら育てるための生産費用の方が低いという計算で，組織内取引を選択していると説明できる。

5　どの取引方法が望ましいのか？

　本章では，レストランの野菜の仕入れの事例から，市場取引と組織間連携にもとづく取引，組織内取引の3つの取引の種類を紹介した。そして，レストランが使う野菜によって，どの取引の種類が望ましいかも変わってくることを説明した。

　つまり，取引されるモノやサービスの特徴によって，取引費用が変わり，その取引費用によって，取引の種類が変わるという関係にある。そこで次章では，そのような取引費用はなぜ生じるのかについてさらに詳しく解説する。

引用文献 | 　　　　　　　　　　　　　　　　　　　　　　　　　　　Reference ●

Coase, R. H., 1988, *The Firm, the Market, and the Law*, University of Chicago Press.
Williamson, O. E., 1975, *Markets and Hierarchies, Analysis and Antitrust Implications : A Study in the Economics of Internal Organization*, Free Press.
Williamson, O. E., 1981, "The Economics of Organization: The Transaction Cost Approach," *American Journal of Sociology*, 87（3）, 548-577. doi:10.1086/227496

第 **2** 章

取引費用はなぜ生じるのか？

> Key words：限定された合理性（bounded rationality），機会主義
> （opportunism），資産特殊性（asset specificity），不確実
> 性（uncertainty），取引頻度（frequency）

1　取引費用を高める要因

　前章では，組織の内外で行われるモノやサービスの取引について，レストランの野菜の仕入れの事例から，市場取引と組織間連携，組織内取引の3つの取引の種類を紹介した。そして，どの種類の取引が選ばれるかは，取引費用とのバランスが大きく関わることを示した。

　では，そもそも，取引費用はどうして生じるのだろうか？

　本章では，取引を行う人間に関わる要因と，取引の状況に関わる要因に分けて解説する。

2　取引を行う人間に関わる要因

　Williamson (1975) によれば，取引費用を生じさせる人間に関わる要因として，大きく以下の2つがあげられるという。

(1) 限定された合理性

ひとつめの要因は，人間が情報を得る能力や情報処理能力には，限界がある

ということである。これを，人間の限定された合理性（Simon 1997）という。

　限定された合理性ゆえに，環境の複雑な動向をすべて把握して予測をたて，完璧な取引を行うことは不可能に近い。たとえば，最も良い取引先をすぐに探し出すことは難しい。まずは，探索のための時間が必要となる。また，どれくらいの量に対してどれくらいの価格で販売してくれるかについては，実際に交渉をしてみないとわからないことも多い。さらに，こうしてようやく取引先をみつけて契約を交わしても，取引先の組織のすべてを見て知ることはできないので，購入したモノやサービスが本当に契約通りであるのかについて，改めてチェックしなければならない。このようなあらかじめ予測し得ない事態に対する経費として，取引費用が発生するのである。

(2) 機会主義

　もうひとつの要因は，ずるいやり方で自分の利益を追い求める人間の性質である。これを，機会主義という（Williamson, 1975; 1981）。

　取引が多数の相手との間で行われる場合，競争が生じる。自ずから，質のよいモノやサービスが評価され，妥当な値段で取引がまとまる。相手をだまそうとしたり，悪賢いやり方で自分の利益だけを求めていると信頼を失い，競争の中で淘汰される。これに対して少人数の間で取引が行われると，そのような競争のメカニズムが働かないため，機会主義的な行動を引き起こしやすくなる。

　都心の蕎麦屋 A と，観光地にある蕎麦屋 B を例に考えてみよう。都心での蕎麦屋 A は周囲にも多くの蕎麦屋があって互いに競争しているので，おいしく，かつ，説得力のある価格設定に努力している。さもなければ，客は他の蕎麦屋に行ってしまうからである。この場合の価格の説得力とは，提供する蕎麦の内容と価格の対応関係である。立ち食い蕎麦屋であれば，おいしくて安いことが決め手になるだろうが，蕎麦屋 A は高価格の蕎麦店なので，味だけなく，店のしつらえや食器に高級感をもたせ，店員のマナーにも気を配っている。これに対して，観光地の蕎麦屋 B に立ち寄るのは，たまたま観光に訪れた一回限りの客が多い。味は普通で，店員は不愛想なパートスタッフである。それで

も次々と一回限りの観光客が来るので，値段をやや高めに設定して収益をあげている。つまり，都心の蕎麦屋Aは，多数の中での取引で競争が働いているケースであり，観光地の蕎麦屋Bは，おいしいものを良心的な価格で提供するという飲食店としての原理や原則よりも，収益性を優先するという機会主義が作用しているケースである。

　さて，これらの蕎麦屋と利用客の関係を，蕎麦屋と客の間の蕎麦の取引と置き換えて考えてみよう。前者の都心の蕎麦屋Aは競争原理が働いている環境にあるので，飛び込みで入っても期待が裏切られる確率は低い。これに対して観光地で蕎麦屋Bのような店を避けようとするなら，あらかじめ情報を収集して店を慎重に選ぶ必要が生じる。つまり，観光地にある一部の蕎麦屋の機会主義的行動によって，観光地で蕎麦を食べようとする場合の客にとっての取引費用が高くなる。

3　取引の状況に関わる要因

　取引の状況によっても取引費用は変わってくる。以下には，取引費用を高める要因として，資産特殊性，不確実性，取引頻度について説明する。

(1) 資産特殊性

　特定の取引先との取引においてのみ使える資産（建物や設備，機械，学習，ブランド価値等）にどれくらい投資する必要があるかということを，資産特殊性という（Geyskens, Steenkamp and Kumar, 2006）。つまり，ある取引先との取引において必要な資産への投資がどれくらいかかるのかということを意味している。そのような資産への投資が必要になるほど，その取引の取引費用は高くなるということである。

　取引先との取引において必要な資産への投資は大きく4つに分けられる。取引に必要な地理的な資産への投資（地理的な特殊性），取引で使う物への投資（物的な資産特殊性），取引に欠かせない人材への投資（人的な資産特殊性），その他の

取引に必要な投資（専用資産）である。以下，それぞれについて説明する。

　表 3 - 2 をみてほしい（Crook et al., 2013）。

　1つめは，取引に必要な地理的な資産への投資を意味する地理的な特殊性である。一般に，モノの取引においては，取引先との距離が遠くなるほど，長距離の輸送や在庫の確保が必要になるので，取引先と近くで取引できる方がよい。しかし，例えば，自社の製品に必要不可欠な機械部品を製造している会社が遠方にしか無い場合は，輸送コストや在庫管理のコストという取引費用がかかっても，その遠い会社と取引をする。場合によっては，遠方の取引先との取引にかかる輸送費や在庫管理コストが高すぎるので，その取引先の近くの地域に自社工場をたてて製造部門をうつしてしまったほうが安上がりになる場合もある。このような，特定の取引先と取引にかかる輸送費や在庫管理コストを節約するために，その取引先の近くの地域に進出したり，その取引先から指定された地域に進出したりするための投資のことを，地理的な特殊性への投資という。

　2つめは，取引で使う物への投資を意味する物的な資産特殊性である。例えば，他社から特別な注文を受けて部品を製造しなければならないのだが，そのためには，新たに工作機械を購入しなければならないとする。この場合の工作機械の購入にかかる投資を，物的な資産特殊性への投資という。

　3つめは，取引に欠かせない人材への投資を意味する人的な資産特殊性である。例えば，ある取引先から購入している材料は他社の材料にはない極めて高い品質を持っているが，自社の製品に使うためには高度な加工技術が必要である。そのような場合，その高度な加工を行える職人を育てるための教育訓練費がかかる。そしてこのような教育訓練費をかけても取引をすることを，人的な資産特殊性への投資という。

　最後は，その他の取引に必要な投資を意味する専用資産である。特定の取引先との取引を行うためには，例えば，定められた許可資格を取得しなければならないことがある。そのために経費や手間をかけることを，専用資産への投資という。

(2) 不確実性

　取引費用を高めるような取引相手に関わる要因のふたつめは，不確実性である。この場合の不確実性には，３つの種類がある（Crook et al. 2013）。

　１つめは，技術面での不確実性である。たとえば，ある部品に使われる素材の開発を国内外のさまざまな会社が進め，新しい機能を持つ素材が毎年のように開発されるたびに取引先を変えなければならないとする。そうすると，毎年，どの企業がどのような素材を開発しているかを調査する必要が生じて取引費用が高くなる。

　２つめは，需要面での不確実性である。たとえば，ある製品の売れ行きが年度によって大きく変わって全く予測できない場合がある。つまり，顧客の需要を予測できない。そのため，その製品をどれだけ作ればよいかを前もって判断することができず，その製品を制作するために使う部品がどれだけ必要になるかもわからない。結果として，製品の売れ行きに応じて製品を制作するため，その都度，購入する部品の数量が異なり，そのたびに部品の価格を交渉して契約を結ばなくてはならない。つまり，手間という取引費用がかかってしまう。

　３つめは，行動面での不確実性である。取引するモノやサービスの質を，事前に完璧に把握することができないがゆえに生じる不確実性である。たとえば，納入された部品の質は納入時にはわからず，実際に自社で組み立てて完成品を動かしてみて，ようやく部品として使えるかどうかがわかるような場合，不具合のあった部品で組み立てたものは製品にならないので，その組み立ての製造費が無駄になってしまう。そして，このような無駄を省こうと思えば，不良品を監視するための経費が，取引費用になってしまう。

(3) 取引頻度

　取引頻度は，特定の取引先とのモノやサービスの取引がどれくらい発生するかに関わる。取引の回数が多くなると，取引のたびに契約書を作成したり，価格交渉をしたりするなどの取引費用がかかる。また，何回も取引を重ねるうちに，その取引先への依存が高まる。このような状況では，取引先が急に部品の

表3-2　取引費用を高める取引の状況に関わる要因

	要因	意味	具体例
資産特殊性	地理的な特殊性	特定の取引先と取引にかかる輸送費や在庫管理コストを節約するために，その取引先の近くの地域に進出したり，その取引先から指定された地域に進出したりする必要がどれくらいあるか。	自動車メーカーA社の工場の近くに自社の工場を移転せざるを得ない場合は取引費用が高まる。
	物的な資産特殊性	特定の取引先と取引を行う上で必要となる設備や機械，部品などの物に投資する必要がどれくらいあるか。	家電メーカーB社の商品で用いられる部品を製造することになったが，その部品を製造するためだけに必要な機械を自社が新たに購入せざるを得ない場合は取引費用が高まる。
	人的な資産特殊性	特定の取引先と取引を行う上で必要となる知識や技術などの人的資本への投資（高度なスキルを持つ人材を雇う人件費や，知識や技術を習得させる教育訓練・能力開発の費用など）がどれくらい必要かどうか。	海外の医療機器メーカーC社との取引では，高度な医学的知識と高い英語力を持つスタッフが必要となるが，そのスタッフの人件費が自社の他のスタッフよりも高い場合は，取引費用が高まる。
	専用資産	上記の3つの資産には該当しないが，特定の取引先との取引に必要となり，他の取引目的には転用できないような投資がどれくらい必要かどうか。	高級ブランドの果物を栽培するD社から果物を売ってもらうには，D社が所属する協会から販売許可資格を得る必要があり，その資格取得に費用がかかる場合，取引費用が高まる。
不確実性	技術面での不確実性	新しい技術が開発される可能性がどれくらいあるか。	現在は機械部品メーカーE社から部品を購入しているが，別の機械部品メーカーF社が新しい部品を開発できる可能性が高く，新しい部品が開発された後はE社からF社に取引先を変更しなければならない場合，取引費用が高まる。
	需要面での不確実性	顧客の需要をどれくらい予測ができるか。	ハンバーガーショップG社はおもちゃメーカーH社から子ども向けのハンバーガーセットのおもちゃを購入する予定だが，そのセットがどれくらい売れるか予測するのが難しい場合，取引費用が高まる。
	行動面での不確実性	取引する物やサービスの質や性能をどれくらい正確に測定できるか。	回転寿司I社は季節限定の魚を漁業会社J社から大量に購入したが，その魚の新鮮さは水揚げされた時はわからず，実際に店舗で魚を加工してみないとわからない場合，取引費用が高まる。
取引頻度		特定の取引先との特定の物やサービスの取引がどれくらい発生するか。	携帯電話製造メーカーK社は携帯電話を製造するために必要な特殊な金属を販売するL社との取引を頻繁に取引する必要がある場合，取引費用が高まる。

価格を吊り上げたり，知らない間に質の悪い部品を混ぜるなどの機会主義的な行動をとる可能性が高まる。こうなると，代わりとなる取引先を探さなければならず，そのための準備や納入されたモノの品質を改めて検査するための仕組みづくりなどの取引費用がかかることになる。

　なお，近年の研究によって，取引頻度を取引費用を高める要因に含めない傾向が強まっている（入山 2019）。取引回数が少なくても，機会主義的な行動が多くなることがわかってきたからである。先の，観光地の蕎麦屋Bのケースがまさに好例である。

4　3つのレストランの野菜の仕入れと取引費用

　前章で，3つのレストランが異なるタイプの取引にもとづいて野菜を仕入れていることを示した。このような取引のタイプを，本章で解説した取引費用の概念を使って以下のように整理することができる（表3-3）。

表3-3　3つのレストランの野菜の仕入れに関する取引費用

	地元のレストラン	ファミリーレストラン	フレンチレストラン
資産特殊性	低い	中程度	高い
不確実性	低い	低い	高い
取引頻度	低い	高い	中程度
取引費用	低い	中程度	高い

(1) 地元のレストラン

　このレストランを経営する夫婦は毎朝，野菜市場に行って野菜を仕入れているが，スーパーマーケットで野菜を購入するのと同じように，必要な野菜をレジに持って行けば購入できる。こうして，野菜を仕入れる上で特別な設備や備品等は不要であるため，物的な資産特殊性や専用資産は低い。また，「見た目が悪くても可」，「安い」，「旬の野菜」という条件で野菜を探すことになり，野菜に関する幅広い知識や目利きの技術もそこまで求められないため，人的な資産特殊性も低い。地理的な特殊性に関しては，たしかにお店から近い野菜市場

で野菜を仕入れてはいるが，この野菜市場がなければ，夫婦はおそらく近所の
スーパーマーケットや八百屋で，条件に合う野菜を購入するだろう。したがっ
て，地理的な特殊性も低いと考えられる。

　不確実性はどうだろうか。野菜の技術面での不確実性としては，たとえば，
その野菜に新しい品種が開発された場合などが考えられる。しかし，このレス
トランが仕入れる野菜の特徴は，「見た目が悪くても可」，「安い」，「旬の野菜」
の３つであり，それらの条件さえ満たしていれば，新しい品種をあえて取り入
れる必要はないため，技術面での不確実性は低いと言える。同様に，この３つ
の条件さえ満たしていれば，そこまで野菜の質にはこだわらないため，行動面
での不確実性も低い。また，このレストランの主な顧客層は地元の常連客であ
り，手作り野菜カレーライスの売り上げはほぼ一定であるため，需要面での不
確実性も低い。

　さらに，取引頻度も低いと考えられる。毎朝，野菜市場に行っているため，
一見すると，取引頻度は高いのではないかと思うかもしれない。ただ，この野
菜市場は多くの野菜の卸売りの会社が出店してさまざまな種類や価格の野菜を
販売しているため，見た目が悪くても安ければ問題がなく，かつ旬の野菜を中
心に購入するとなると，特定の野菜を特定の野菜卸売会社から繰り返し購入す
る機会はそう多くない。以上の要因の状況をもとに考えると，地元のレストラ
ンの野菜の仕入れの取引費用は低いと言えるだろう。

⑵ 全国展開のファミリーレストラン

　ファミリーレストランの野菜の仕入れに関する資産特殊性は，高いとも低い
とも言えない。よって，中程度であると考えられる。

　ファミリーレストランで使われるニンジンとジャガイモは北海道を中心とし
た複数地域の契約農家によって生産され，レストランが設置した各地の倉庫に
一旦集められて冷蔵保存される。そして，ハンバーグセットの売上予測に応じ
て，各倉庫から東日本と西日本のセントラルキッチンに送られ，ハンバーグセッ
トの調理が行われる。野菜の仕入れに対応した冷蔵保存の倉庫の設置という物

的な資産特殊性はやや高いが，特定地域の契約農家との取引が集中しないように複数地域の契約農家に分散して取引を行うようにしているため，地理的な特殊性は低い。専用資産もないと考えられる。また，ファミリーレストランの調達部門のスタッフは，既存の契約農家との良好な関係構築や新たな契約農家の発掘が1人でできるようになるまで，約3年を要すると言われているが，他部門との人事異動も頻繁に行われており，特別な教育訓練は必要ない。つまり，人的な資産特殊性もそこまで高くないだろう。

　不確実性は低いと考えられる。質の良い新しい品種の野菜の開発は日々進められてはいるものの，安定した品質で大量の取引に耐えうる新種の野菜が登場し，現状の契約農家との取引を大幅に見直さなければいけなくなる確率は低い。よって，技術面での不確実性は低い。需要面での不確実性はどうだろうか。ハンバーグセットはファミリーレストランの人気メニューであり，毎月の提供数は過去の売上データの予測とほぼ同じであるため，需要の急激な変動は考えられないだろう。したがって，需要面での不確実性も低いと言えそうである。最後の行動面での不確実性に関しても，低い水準であると考えられる。ファミリーレストランは独自の品質基準を策定しており，通常は契約農家がその基準に沿った野菜を納品するようにしている。また，品質基準通りの野菜が納品されているかどうか，契約農家の品質管理の方法に問題がないかどうかを抜き打ちでテストするシステムも構築しているため，一定の質の野菜を安定的に仕入れることができるからである。

　最後の取引頻度に関しては，大量の野菜を日々，複数の契約農家から仕入れており，特定の取引先との取引頻度は高いと言える。

　以上から，取引頻度は高いものの，一方で不確実性は低く，資産特殊性は中程度であるため，総合的に考えると，ファミリーレストランの野菜の仕入れの取引費用は中程度と考えられる。

⑶ フレンチレストラン

　このフレンチレストランの場合，野菜は自分たちで栽培をしており，外部の

取引先から仕入れているわけではない。つまり，組織内取引によって野菜を調達している。必要とする野菜を外部の取引先から購入するかどうかの判断は，取引費用と生産費用の比較によって行う必要があることは先の章で説明した。そのような視点から，このフレンチレストランが，もし，外部との取引にもとづいて野菜を仕入れるとしたらどのようになるかという視点から，資産特殊性や不確実性，取引頻度を考える。

　まず資産特殊性についてだが，採れたての新鮮な野菜を使うため，仮に外部の取引先から仕入れる場合でもレストランから近くの畑で収穫する必要があり，地理的な特殊性は高くなる。さらに，フレンチレストランで使われる野菜は海外原産の野菜が多く，国内で栽培している農家はいないため，複数の国から航空輸送で仕入れる必要がある。こうして高額の輸送費がかかることからも，地理的な特殊性は高くなると考えられる。物的な資産特殊性や専用資産に関しては，特にそれらの野菜を仕入れる上で設備や機械などを準備する必要はないため低いと言える。一方，人的な資産特殊性は極めて高いといえるだろう。なぜなら，海外原産の野菜を海外から輸入しようとすると，現地の農家や行政当局などと直接交渉しなければならず，人脈や語学能力のみならず，輸入業務の専門知識も必要になる。また，仮に海外から輸入せず，フレンチレストランの近くの農家と契約して，海外原産の野菜を代わりに栽培してもらう場合でも，そのような野菜を栽培する高度な知識や経験が必要となる。近くの農家は海外原産の野菜栽培の知識や経験を十分持っているとは限らないので，フレンチレストラン側からそのような知識や経験を有するスタッフを雇用して農家に派遣するとなれば，ここにおいても高い人的な資産特殊性が生じる。

　次に，不確実性についてだが，技術面での不確実性は低いだろう。特殊な野菜なので効率的な栽培技術が開発されることはほとんど考えられないため，取引先を変更するような可能性はほとんどないからである。一方，需要面での不確実性は高いと考えられる。シェフが考案するコースについては，季節や野菜の成熟の度合いなど以外にも，予約客との予約時の電話での会話内容や予約客の年齢や性別，予約人数などによって，その日その日でコースの中身が変わる。

したがって，顧客に応じて，使う野菜も全く変わるため，仕入れる野菜を事前
に予測するのは難しいと言える。さらに，行動面での不確実性も高いと言える。
なぜなら仮に海外原産の野菜を海外の農家から仕入れる，あるいはフレンチレ
ストランの近くの農家に海外原産の野菜を代わりに栽培してもらって仕入れる
場合，フレンチレストランがどれくらい高品質の野菜を求めているかなかなか
伝わりづらいため，要求通りの品質の野菜を仕入れることは難しいかもしれな
いからである。こうして総体として，不確実性は高いといえる。

　最後に，取引頻度に関しては，中程度であると考えられる。1つひとつの仕
入れる野菜の数量は多くないものの，同じ野菜を用いることが定期的にあるた
め，取引の頻度は中程度となるだろう。

5　3つのレストランの取引費用の比較

　あらためて，**表3-3**をみてほしい。

　こうして3つのレストランの野菜の仕入れに関する資産特殊性，不確実性，
取引頻度をもとに取引費用を比較すると，地元のレストランは低く，ファミリー
レストランは中程度，フレンチレストランは高い，ということになる。

　このように，資産特殊性，不確実性，取引頻度という取引の状況が変われば，
取引費用も変わることになる。次章では，あらためて，これまでのレストラン
の野菜の仕入れにおける取引の状況と取引費用，取引の種類の関係を振り返る
とともに，取引費用の変化に対する組織の行動について説明する。

引用文献　　　　　　　　　　　　　　　　　　　　　　　　　　　　　Reference ●

　Crook, T. R., J. G. Combs, D. J. Ketchen Jr. and H. Aguinis, 2013, "Organizing
　　Around Transaction Costs: What Have We Learned and Where Do We Go from
　　Here?" *Academy of Management Perspectives*, 27（1）, 63-79. doi:10.5465/
　　amp.2012.0008
　Geyskens, I., J.-B. E. M. Steenkamp and N. Kumar, 2006, "Make, Buy, or Ally: A
　　Transaction Cost Theory Meta-Analysis," *Academy of Management Journal*, 49

(3), 519-543. doi:10.5465/amj.2006.21794670

入山章 , 2019, 世界標準の経営理論 , ダイヤモンド社 .

Simon, H. A., 1997, *Administrative Behavior : A Study of Decision-Making Processes in Administrative Organizations* (4 th ed.), Free Press.

Williamson, O. E., 1975, *Markets and Hierarchies, Analysis and Antitrust Implications : A Study in the Economics of Internal Organization*, Free Press.

Williamson, O. E., 1981, "The Economics of Organization: The Transaction Cost Approach," *American Journal of Sociology*, 87 (3), 548-577. doi:10.1086/227496

第 **3** 章

取引費用によって変わる組織

1　取引費用と取引の種類

　前章では，資産特殊性，不確実性，取引頻度という取引の状況と取引費用の関係を説明した。本章では，まずレストランの野菜の仕入れをもとに取引の状況と取引費用，取引の種類の関係を整理する。

　図 3 - 1 は，レストランの野菜の仕入れに関するこれまでのまとめであり，これをふまえてさらに解説を進める。

　地元のレストランは，外部から（野菜市場から）野菜を仕入れても，取引費用は低いことを先に説明した。したがって，市場取引を選択している。一方フレンチレストランが他の組織から野菜を仕入れるとすると，取引費用が高くなる。しかし，だからといって，取引費用を下げるために，仕様する野菜をありふれたものに変えてしまうと，このレストランのそもそもの強みが失われてしまいかねない。そして，組織内で生産する組織内取引による生産費用の方が，外部から野菜を仕入れた場合のコストよりも低いので，組織内取引を選択している。つまり組織は，モノやサービスをどのように仕入れるかを考える場合，「他の組織から購入する価格＋取引費用」と，組織内取引の「生産費用」を比べて，コストが低い取引方法を選択する。

　このようななかで，ファミリーレストランは，取引費用が中程度である。そ

		地元のレストラン	ファミリー レストラン	フレンチ レストラン
第1章	人気 メニュー	手作り 野菜カレー	ニンジンとジャガ イモが添えられた ハンバーグセット	野菜を使った コース
	必要とする 野菜	見た目が悪くても可 安い 旬の野菜	大量に必要 安定した品質 比較的低価格	少量必要 海外原産の野菜 採れたてで新鮮
	調達法	野菜市場で購入する	契約農家から 仕入れる	専属の農業スタッフ が栽培する
	取引の種類	**市場取引**	**組織間連携に もとづく取引**	**組織内取引**
第2章	取引費用	**低い**	**中程度**	**高い**

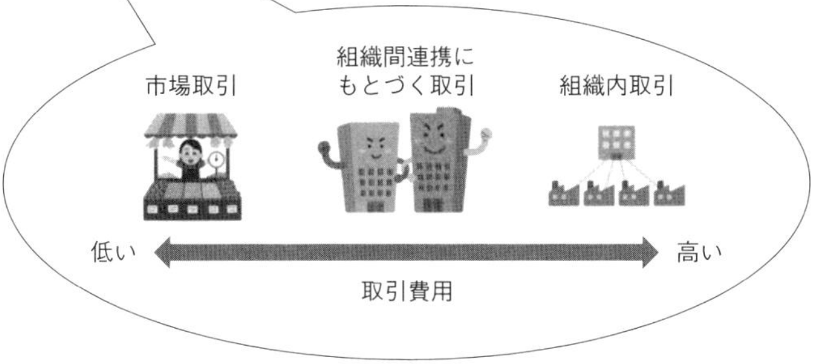

図3-1　取引費用と取引の種類の関係

こで，組織間連携によって取引費用を極力おさえつつ，安定的に大量の野菜を仕入れることに工夫をしているのである。この種の取引は，市場取引と組織内取引の両方の側面が“混じり合った”取引と考えられ，そのような取引にもとづく組織間連携は，「混合形態（hybrid form）」と呼ばれる。最終的な取引費用は，モノやサービスの購入価格をはじめとする他のさまざまな調整にもとづいて定まり，さらにそれによって組織間の連携のあり方も調整される（Douma and Schreuder 2007; 2017）。この場合の組織間連携にもとづく取引の具体例としては，売り手と買い手が長期の取引契約を結んだり，関連する組織が取引の過程その

ものを新しいビジネスとして位置づけてそのための合弁（ごうべん）会社を設立したり，フランチャイズ組織としてひとつの系列をつくることなどがあげられる（Douma and Schreuder 2007）。

2　取引の種類と組織のカタチ

　最後に，取引の種類によって，組織のカタチも影響されることを付け加える。
　市場取引であれば，不特定多数の組織といつでも自由に取引することになるため，特定の組織との良好な関係を築く必要もないし，自らの組織の中で取引のための特別な体制（たとえば，新たな部門の設置や既存部門の役割変更など）を構築する必要もない。しかし，組織間連携となると，他の組織と協力して取引を行わなければならない。そして，他の組織とスムーズに取引を行うために，自らの組織もその取引を担当する新部門の設置や既存部門への役割追加などの体制変更を実施する必要があるだろう。一方組織内取引であれば，市場取引の場合と同様に，他の組織との関係をそこまで気にする必要はないが，新たなモノの生産やサービスの提供を行う部門を作ったり，既存部門の役割を大きく変更するなど，必要に応じて自らの組織のカタチを変化させる能力が問われることになる。

3　取引費用の変化

　取引費用は変化する。そしてそれにともなって，選択される取引の種類も変わる。たとえば，フレンチレストランにおいて，野菜栽培に必要な肥料や燃料代の高騰で組織内取引での生産費用が極めて高くなり，取引費用が高いと思われていた市場取引や組織間連携での取引の方がコスト安になるとわかれば，取引の種類は変更されるだろう。反対に，地元レストランのケースで，自家栽培という組織内取引での生産費用が極めて低く，市場取引での購入価格を下回ることがわかれば，組織内取引が選択される。

4　取引の内部化と外部化

　取引費用の上下によって，選択される取引の種類も変わる。特に，取引の種類の変化には大きく，2つのパターンが考えられる。1つは，市場取引から，組織間連携にもとづく取引へ，そして組織内取引に変わっていくパターンである取引の内部化。もう1つは，組織内取引から，組織間連携にもとづく取引へ，そして市場取引に変わっていく，逆のパターンである取引の外部化。これらの2つのパターンを詳しく解説する。

(1) 取引の内部化

　これまでに述べたように，あるモノやサービスの取引費用が低い場合は，市場取引が選択される。しかし，取引費用が上がるにつれて組織間連携が選択されるようになり，さらに取引費用が高まると，組織内取引に取引の種類が変わる。このように，外部の組織と1回1回，モノやサービスを自由に売ったり買ったりするような市場取引から，組織間で契約を結んだり，異なる組織が同じルールや制度を作ったりすることで，徐々に同じ組織の内部で取引しているかのような取引に近づいていくことを「取引の内部化」と呼ぶ。そして取引の内部化の最終型が，組織内取引となる。

　先のフレンチレストランの例にもとづいて，改めて解説する。

　実はこのフレンチレストランは，オープン当初，地元のレストランと同じく，野菜市場で野菜を仕入れていた。ところが，同時期に隣町にもフレンチレストランがオープンし，隣町のフレンチレストランの方がコースの料金が安いため，自分たちのレストランの経営が悪化した。そこでシェフは隣町のフレンチレストランと価格競争をするのではなく，コースの中身で勝負することにした。具体的には，新鮮で珍しい野菜を取り入れて，健康的なフレンチコースを提供することにした。使用する野菜の多くが海外原産であり，国内で生産されておらず，海外からの輸入を必要とする。しかしそれでは資産特殊性において取引費

用が高くなる。

　このような絶望的な状況を打開したのが，シェフの長女であった。長女は都内の企業を退職して地元に戻り，かつて農業大学で学んだ知識を活かして，海外原産の野菜を栽培する方法を独学で開発し，組織内取引による野菜の調達という取引の内部化を可能にしたのである。

　もう1つの例として，ファミリーレストランのイチゴの仕入れに関する取引の内部化を紹介する。それは，契約農家からの組織間連携にもとづく取引に加えて，自社植物工場でイチゴを栽培して組織内取引を増加させる計画である。

　このファミリーレストランが，来年から年間を通してイチゴのデザートの販売を強化する方針を決めたとする。それとともに，これまでイチゴは契約農家からすべて仕入れていたのだが，今後はそれに加えて，ファミリーレストランの自社植物工場で栽培することにした。イチゴのデザートの販売を強化するにあたり，人気が出てイチゴが足りなくなる事態に備える必要があるからである。つまり，どのぐらいのイチゴを仕入れる必要があるか予測することが難しく，需要面の不確実性が高まったといえる。また年間を通してイチゴのデザートを販売するには，一定数のイチゴを安定して確保する必要もあるのだが，近年の植物工場の技術革新により，イチゴも年間を通して安定的に栽培できるようになった。つまり，イチゴ農家にとっての技術面での不確実性が高まりつつあり，それにともなう取引費用の高まりが予想される。そこで，契約農家からイチゴを仕入れるという組織間連携は部分的に維持しながら，一部の取引を自社植物工場でのイチゴ栽培による組織内取引に移行するという取引の内部化が有効だと判断されるのである。

(2) 取引の外部化

　反対に，取引費用が低くなると，組織内取引から組織間連携にもとづく取引へ，そして市場取引に取引の種類が変わる。これを，取引の外部化と呼ぶ。

　これまでたびたび登場した地元のレストランを例に考える。

　このレストランで人気のカレーライスの野菜は野菜市場で仕入れ，米は近く

のお米屋さんからさまざまな種類を取り寄せていた。ところが昨年の冬に，その米屋さんの店主が高齢を理由に店を閉じることにしたため，地元のレストランを経営する夫婦は，米の新たな仕入れ方法を考えなくてはならなくなった。そのような時，ある常連客からインターネット通販でさまざまな種類の米が購入できることを教えてもらった。最初はインターネット通販の米の品質を信用していなかったが，これまで知らなった具体的な栽培方法などの情報を確認した上で，直接農家から米を購入できることがわかった。現在はすべての米をインターネット通販で入手しており，お米屋さんに依頼していた時よりも幅広い種類の米を仕入れることができ，常連客も前よりもカレーライスが美味しくなったと満足している。

　この例を取引費用理論から考えると，お米屋さんを通した仕入れは，契約書こそないものの，さまざまな種類の米を仕入れるという長期取引契約のような合意が，地元レストランとお米屋さんの間にあったと解釈できる。つまり，地元のレストランとお米屋さんの間の米の取引における組織間連携が存在した。地元のレストランがお米屋さんに依存して組織間連携を選択していた理由は，米の品質に関する情報をお米屋さんしか入手できず，地元のレストランは高品質の米を生産する農家を探し出す術をも知らず，よって行動面の不確実性が高いと判断されたからである。ところが，お米屋さんの閉店を機に，米のインターネット通販の存在を知り，米の品質に関する情報が容易に手に入るようになって，行動面での不確実性が低下して，取引費用が低くなった。そこで地元のレストランの夫婦は，お米屋さんを通して米を仕入れるという組織間連携から，インターネット通販を利用した農家からの直接購入という市場取引への取引の外部化に転換したと説明できる。

　もう1つの例として，先のファミリーレストランのフランチャイズを取り上げる。

　ファミリーレストランは，以前は都市部中心に出店していたが，10年前に地方や郊外へ全国展開する出店方針を打ち出した。その後，各店舗で統一されていなかった接客や調理方法に関しては，全店舗共通のマニュアルを作成し，ま

た各店舗で独自に実施されていたアルバイトの人材育成を強化するために，アルバイトの採用研修を複数店舗の合同で開催するようにした。その後，全国展開のスピードをより早めるために，フランチャイズを導入した。

　フランチャイズとは，「事業者（「フランチャイザー」と呼ぶ）が，他の事業者（「フランチャイジー」と呼ぶ）との間に契約を結び，自己の商標，サービス・マーク，トレード・ネームその他の営業の象徴となる標識，および経営のノウハウを用いて，同一のイメージのもとに商品の販売その他の事業を行う権利を与え，一方，フランチャイジーはその見返りとして一定の対価を支払い，事業に必要な資金を投下してフランチャイザーの指導および援助のもとに事業を行う両者の継続的関係」と定義されている（日本フランチャイズチェーン協会 2021）。つまり，フランチャイザーである本部事業者は自社の社名やブランド，経営ノウハウを提供し，フランチャイジーである加盟店はその使用料を払うという取引をしていることになる。近年では，このファミリーレストランでは，直接運営する直営店よりも，フランチャイズの加盟店のレストランの方が急速に拡大している。

　この例を取引費用理論から考えると，フランチャイズを導入する前は，ファミリーレストランの店舗は直営店のみであった。それらの直営店は，組織内の一部門であると考えられるため，食材を仕入れる調達部門と実際に販売する店舗の間の取引のような組織内取引を行っていたと言える。ところが，地方や郊外への全国展開という出店方針によって，接客や調理方法のマニュアル化やアルバイトの合同採用研修が行われたことで，これまでは店舗ごとに必要であった採用時や採用後の接客や調理方法などの教育訓練・能力開発の費用が節約できたため，人的な資産特殊性が低下した。そのような人的な資産特殊性の低下から，取引費用が低くなったため，それまでの直営店のみで運営するという組織内取引から，フランチャイズを用いた加盟店との組織間連携への取引の外部化が生じた例だと考えられる。

5　社会の変化と取引費用理論

　これまで 3 つのレストランの野菜の仕入れを中心とした取引の例を，取引費用理論をもとに説明してきた。また，取引費用が上昇した場合や低下した場合の取引の変化についても紹介した。こうしてさまざまな取引が存在するが，取引費用理論の観点から現代のモノやサービスの取引を考える時に，押さえておく必要があると思われる論点を最後に 2 つ挙げたい。

　ひとつは，デジタル化や情報通信技術（ICT）の発展により，取引費用が大幅に低下していることである（Davis and DeWitt 2021; Douma and Schreuder 2017）。取引費用理論が盛んに議論されてきた2000年代以前と現在とは取引の状況が変わりつつあり，取引先はインターネットを使えば簡単に見つかるようになった。また，あらかじめ取引されるモノやサービスの内容が Web サイト上で明示されていれば，長々と交渉をする必要もなく，すぐに契約を締結できる。さらに，取引先の評判や口コミも調べることが容易になっているため，これまでのように手間をかけて契約の履行状況を監視する必要もない。このような傾向を踏まえると，取引費用の低下から生じる取引の外部化により，これまで組織の中で作り出されていたモノやサービスの多くは，組織内取引から組織間連携や市場取引に置き換わっていく可能性がある。

　もうひとつの論点は，取引費用理論以外の他の理論の視点も用いながら，組織におけるモノやサービスの取引を考える必要があるということだ。たしかに取引費用理論は，組織におけるモノやサービスの取引の視点から，他の組織との関係や組織のカタチの変化を説明する上で有力な理論の 1 つであることには変わりない。しかし，取引費用理論だけでは取引に関わるすべての事柄を説明できず，他の理論（たとえば，リアル・オプション理論や資源ベース理論）にも目を向ける必要があることが指摘されている（Crook et al. 2013）。資源やネットワークなどの本書で紹介する他の理論からの議論も可能である。取引費用理論を学ぶことは，他の組織との関係や自らの組織のカタチについて，さまざまな理論か

ら議論する重要性を理解することに繋がっていくといえる。

引用文献 | Reference ●

Coase, R. H., 1988, *The Firm, the Market, and the Law*, University of Chicago Press.

Crook, T. R., J. G. Combs, D. J. Ketchen Jr. and H. Aguinis, 2013, "Organizing Around Transaction Costs: What Have We Learned and Where Do We Go from Here?" *Academy of Management Perspectives*, 27（1）, 63-79. doi:10.5465/amp.2012.0008

Davis, G. F. and T. DeWitt, 2021, "Organization Theory and the Resource-Based View of the Firm: The Great Divide," *Journal of Management*, 47（7）, 1684–1697. https://doi.org/10.1177/0149206320982650

Douma, S. W. and H. Schreuder, 2017, *Economic approaches to organizations*（6 th ed.）, Pearson.

Douma, S. W. and H. Schreuder, 2007, 組織の経済学入門（第3版）, 丹沢安治・岡田和秀・渡部直樹・菊沢研宗・久保和一・石川伊吹・北島啓嗣訳, 文眞堂.

日本フランチャイズチェーン協会, 2021, フランチャイズとは何か. Retrieved from http://fc-g.jfa-fc.or.jp/article/article_10.html

入山章, 2019, 世界標準の経営理論, ダイヤモンド社.

第3部のまとめ

取引費用理論の3つの視点

1．組織活動はモノやサービスのやりとりにもとづく取引で成り立っているが，取引にはモノやサービスそのものの価格以外に，取引先を探し，相手と交渉し，契約後のチェックに必要な隠れたコストである，取引費用が存在する。

2．モノやサービスの取引では，取引費用にもとづいて，市場取引，組織間連携にもとづく取引，組織内取引の3種類のいずれかの取引の種類が選択される。

3．取引費用を高める要因には，限定された合理性，機会主義の取引を行う人間に関わる要因や，資産特殊性，不確実性，取引頻度の取引の状況に関わる要因があり，近年では取引の状況や社会の変化によって，取引の内部化や外部化が生じている。

第4部

組織活動の原動力を探る

ネットワーク理論

須田木綿子・米澤　旦

　ネットワーク理論は，多くの研究者のコラボレーションによって成立している。また，それら研究者の学問領域も，社会学や心理学，経営学など多岐にわたる。この中心点の無さにおいて，ネットワーク理論そのものが，組織のネットワークを実践しているように思われる。それだけにネットワーク理論の説明の仕方もさまざまにあるのだが，本章では，Porter and Powell (2006) の整理をもとに解説をすすめる。

第 **1** 章

ネットワーク
組織の内と外を貫くもの

Key words：ネットワーク（network），埋め込まれ（embeddedness），
結び目（node），構造的空隙（structural hole），
ブローカー（broker）

1　組織はネットワークに埋め込まれている

　保育園を思い浮かべてほしい。保育園には，園長先生，給食担当者，各クラスを担当する先生方，保育園施設の掃除担当者，メンテナンス担当者など，さまざまな業務を担当する職員がいて，それらの人や部署が協働して保育活動を行っている。つまり，組織内のネットワークにもとづいて，保育という活動が可能になっている。さらに，この保育園に通ってくる子どもたちは，周辺地域に住む家庭のお子さんとして，保育園という組織の外からやってくる。また保育園を運営するにあたっては，厚生労働省をはじめとする管轄省庁や地方自治体に協力してもらわなければならない。こうして保育園は，自分たち以外の組織とつながり，そうして形成された大きなネットワークの一部になる。これを，組織はネットワークに埋め込まれているという。逆に，埋め込まれていないことは，孤立を意味する。自分たち以外の組織から切り離されていては，組織活動は成り立たない。

　どのようなネットワークに埋め込まれているかは，組織の活動の実際を映し出す鏡ともいえる。

　たとえばその保育園は，子育てをしながら働く母親たちが，自分たちでつくったとする。活動エリアは自ずから，その母親たちの住む地域が中心になる。つ

まり，地縁ネットワークがこの保育園にとっては大きな意味をもつ。したがって，保育園建設の許可を得るためには地元の有力者や議員の応援が力になるし，建設に必要なお金を借りるにしても，地元の信用金庫からの支援を得られやすいだろう。また，保育園ができたことを知ってもらって利用者を増やすにあたり，全国に知らしめる必要はないわけであるから，大手マスメディアを利用するのではなく，近隣住民にチラシを配ったり，地域の知り合いにSNSで情報を拡散してもらうなどの，いわゆるクチコミのレベルの宣伝が有効だろう。それでいてこの保育園は，そのような自身のローカルなスタンスを意識することもなく，「とにかく毎日，一生懸命取り組むなかで，皆様からもこうして信頼をいただき，応援もいただけるようになって，ありがたいことです」と語るだろう。保育園にとっての「皆様」とは，地縁ネットワークであって，全国レベルで見れば極めて限られた「皆様」なのだが，それを気にかける様子もない。活動の範囲においても，思い描く世界観においても，この保育園は地縁ネットワークに埋め込まれているのである。

　では，まったく別の例として，その保育園が全国的に有名な投資家によって設立されたものである場合はどうだろう。その投資家は，宇宙開発など，何かと話題の事業を起ちあげて，マス・メディアを賑わせている。自身もYouTubeの番組を持ち，絶えず，情報発信をしている。そうして，自身が起点となる全国区のネットワークをつくり，またそこに，全国区のネットワークに組み込まれた人や組織が集まっている。そのような投資家が，自分の子どものために住まいの近くで保育園を始めれば，たちまち全国に知られるところとなるだろう。「あの投資家が関わる以上は，収益が見込めるに違いない」と，他の投資家たちが殺到し，巨大な資金が集まるかもしれない。こうして保育園事業は，あっという間に全国区のネットワークに組み込まれる。仕事と家庭は切り離したいので，子どもの保育園のことは地縁ネットワークの範囲にとどめたいと願うのは，無理な話である。なぜなら，その投資家自身が全国区のネットワークに埋め込まれているからである。ネットワークは自分を助けてくれるが，そこから完全にオフの状態になることも難しいのである。

2　ネットワーク理論の2つの視点

　Porter and Powell（2006）によると，ネットワーク理論の興味は主に2つに分けられるという。ひとつは，組織や人がどのようにつながっているのかについてである。そしてもうひとつは，ネットワークによってどのような活動が可能になるのかについてである。

　以下，それぞれについて説明をするが，その前にひとこと加えたい。

　組織と組織をつなぐのは人である。また，最初は組織と組織の付き合いから始まった関係が深まって，プライベートな友情という人間関係に発展する場合もある。したがって自ずからネットワークの議論にも，組織と人の両方が含まれる。結果として本章でも，組織や人が入り乱れるようにして話題に登場する。このようなダイナミックさと軽やかな視点の移り変わりもまた，ネットワーク理論の特徴である。

⑴ 組織や人はどのようにつながっているのか
①　ネットワークとアイデンティティ

　人は，社会関係の中で生きており，その関係性は網の目のようである。たとえば大学生であるA君には，両親と妹がいる。父親と母親にもそれぞれ兄弟姉妹がおり，それらの人々が叔父さんや叔母さんとして，さらに叔父さんや叔母さんの子どもたちはいとことして，A君につながっている。これは，血縁によるつながり，すなわち血縁ネットワークである。それ以外のネットワークもある。A君には小・中・高校時代の友達と，今通っている大学にも友達がいる。友人ネットワークである。アルバイト先のハンバーガー・ショップの店長や他のアルバイト仲間は，仕事を通じて形成されるネットワークである。さらに，A君が関わる各種のネットワークに登場する人たちにもそれぞれ，両親や祖父母がいて，A君以外の友人関係を持ち……と独自のネットワークをもっている。こうしてたどっていくと，ネットワークには際限が無い。

　関わるネットワークによって，Ａ君のアイデンティティも変わる。Ａ君は，血縁ネットワークの中では誰かの息子であったり，兄であったり，孫であったり，甥である。そしてそれぞれの役割にふさわしい言葉遣いや態度で行動する。一方，友人ネットワークの中では，それとはまったく異なるＡ君がいるだろう。話題も，好む外出先についても，血縁ネットワークでの時とは別人のようだろう。アルバイトを通じたネットワークでは，さらに違ったＡ君がいるだろう。つまりＡ君は，それぞれのネットワークの特性に応じて，自分を演じ分けている。

　組織も同様である。組織は単独では存在しえず，他の組織とさまざまなネットワークを形成している。そしてネットワークごとに目的や機能が異なり，それに応じて組織の行動も異なる。自分が親会社のような存在であれば，子会社にあたる組織とのネットワークの中では強気だろうが，製品やサービスを仕入させてもらっているような，「取引していただく」立場で関わっている組織とのネットワークの中では，おのずから腰も低くなるだろう。

　組織のカルチャーも，埋め込まれているネットワークの特性に応じて異なる。教育機関に関わる領域で活動をする組織では，教育関係組織のネットワークで共有されている考え方や雰囲気にあわせて，真面目な「おかたい」カルチャーが強調されるだろう。一方，芸能事業関連の組織のネットワークの中に埋め込まれた人材プロダクションのような組織は，楽しさを重視する活気に満ちたカルチャーを形成するだろう。

②　ネットワークのバランスと持続期間

　ネットワークは，長期間維持される場合もあれば，短期間で解散する場合もある。そしてその違いは，関係性のバランスにある。たとえばＡ君とＢ君とＣ君の３人からなるネットワークにおいて，Ａ君とＢ君は信頼しあっている。そして，Ｃ君のことは信頼しきれないというスタンスがＡ君とＢ君の間で一致すると，ネットワークの「バランスが取れる」（図４-１：パターンⅠ）。また，Ａ君とＢ君が互いに異なる意見を持っていて，同時にＡ君とＢ君が，Ｃ君と

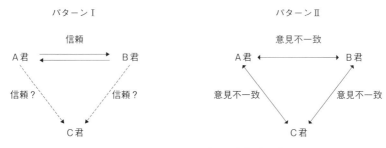

図4-1　バランスが取れた社会関係

は意見が合わないという感触で一致している場合も，ネットワークは「バラン
スが取れている」（**図4-1**：パターンⅡ）。こうしていずれの方法であっても「バ
ランスが取れている」限り，そのネットワークは持続する。

　組織も同様である。A社，B社，C社の3つの組織が，パターンⅠでバラン
スを取っている場合には，A社とB社の間で友好的な協力関係が続き，C社
の立ち位置は変わらないまま，3社は共存する。一方，A社とB社とC社が
いずれも独自の路線を維持している場合は，パターンⅡでバランスをとりなが
ら，やはり3社は共存する。

　ところが，パターンⅡにおいて，A社とB社が何かの拍子に取引を始め，
信頼と協力関係が強まったとしたら，どうだろう。C社は，今までのスタンス
を維持していたのでは「仲間外れ」になる。つまり，パターンⅠのC君と同
様の立場になる。ここで，C社のとる道は2つに1つである。1つは，A社や
B社に対してC社も友好的な態度に転換してネットワークに参加する道であ
る。こうしてC社は，3社の新しいバランスの中で安心して活動をし続ける
ことができるが，同時に，A社やB社との間で妥協や協調をしなければなら
ない場面が増えて，今までのような独自路線を100％追及することはできなく
なる。もうひとつの選択肢は，あえて，パターンⅠのC君と同様の立場にと
どまることである。C社は，A社とB社の両方をライバルとしなければなら
ないので苦労も増えるだろうが，独自路線で，A社やB社とは異なる次元の
成功をおさめることができるかもしれない。どのネットワークを維持し，どの

ネットワークから離脱するかは，まさに組織の将来に関わる重要な判断事項といえよう。

③　イッツ ア スモール ワールド（It's a small world）

ネットワーク理論は，一見，遠い関係にあると思われる人や組織であっても，実は緊密につながっていることを教えてくれる。

これに関してよく知られているのが，Miligram（1967）という研究者の実験である。

実験の参加者は，アメリカ中部の小さな町の住民である。住民たちには，いくつもの州を超えた先にある「ニューヨークの知人」に手紙を送るというミッションが与えられた。ただし，直接手紙を送るのではなく，自分の知人の中で目的の「ニューヨークの知人」にたどりつけそうな誰かに手紙を送り，その誰かがまた，自分の知人の中から「ニューヨークの知人」にたどりつけそうな人に手紙を転送することを繰り返す。こうして，何人の人の手をかりれば，転送された手紙が当初の目的であった「ニューヨークの知人」の手に届くかを調べるのが，実験のねらいである。そうして得られた答えは，「平均6人」だった。

世の中は意外と狭い。SNSで発信すると，あっという間に情報が拡散され，思いもよらなかった有名人の目にとまり……という話が少なくない。上記のMiligramの研究にもとづくなら，自分がインスタグラムで発信した情報を誰かが伝え，その誰かが次の人に伝え……というリンクが6つ積み重なれば，その情報は隅々にまで行き渡るのではないだろうか。

④　弱いつながりの強さ

ネットワークのもうひとつの性質に，「弱いつながりの強さ」がある。これについては，Granovetter（1973）の仕事探しの研究が有名である。

新しい仕事先を求めている場合，いつも顔をあわせているような人からよりも，知り合い程度の「弱い関係」の人からの方が有力な情報を得られやすいという。いつも一緒にいるような人たちは同じような情報を共有しているので，

知り合いを一巡して仕事がみつからなければ，「求人はどこからも出ていないね」という確認で終わってしまう。一方，知り合い程度の「弱い関係」の人は全く異なるネットワークをもっていて，そこから新しい情報を得ている。意外なところに，まさに望んでいた通りの仕事の求人が出ているといったような「耳より」な話を伝えてくれるのは，このような知り合い程度の人である。これを，「弱いネットワークの強さ」という。

⑤　ネットワークの結び目（node）にいることの強さ

　ネットワークの構造をうまく活用すると，思わぬ強みを発揮できる場合がある。そのひとつが，異なるネットワークの交叉点にいる組織や人の機能である。

　たとえば組織Aは組織Bと組織Cそれぞれと取引があるが，組織Bと組織Cは互いのことを知らないとする。つまり組織Aは組織Bとネットワークでつながっており，組織Cとも異なるネットワークでつながっていて，このふたつの異なるネットワークの交叉するところにいる。この交叉点を，ネットワークの結び目（node）という。このような場合，組織Aは，組織Bだけが知っている情報と組織Cだけが持っている情報の両方を持つことができるので，組織Bに対しても組織Cに対しても，知らない情報を提供することができる。そのため，組織Aは組織Bからも組織Cからも大切にされる。また，組織Bには組織Cの悪い評判を，組織Cには組織Bの悪い評判を伝えることによって，組織Bと組織Cが直接つながることがないように操作し，自分の立ち位置の有利性を維持することができる。つまり，組織Aは，組織Bと組織Cが直接つながってはいないことで形成される空白地帯を戦略的に活用しているのである。この空白地帯を，構造的空隙（くうげき）という。そして，この構造的空隙にポジションをとって組織Bや組織Cに対して有利な立場を維持している組織や人を，ブローカー（仲介人，仲介組織）という。

(2) ネットワークによってどのような活動が可能になるのか

　ネットワークによってどのような活動が可能になるのかも，ネットワーク理

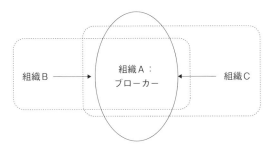

図 4 - 2　構造的空隙

論の関心のひとつである。Porter and Powell（2006）は，Powell and Smith-Doerr（1994）や Harrison（1994）の研究にもとづいて，次の 4 つのタイプを紹介している。

①　プロジェクト

　ネットワークは，特別な技術をもつ人や集団が，ひとつのプロジェクトを完遂することを目的に形成されることが多い。たとえば，繁華街に10階建ての商業施設を建設しようと思えば，土地の選定にコンサルタントが，消費者の意向調査にはマーケティング調査会社が，周辺住民との権利関係の調整は弁護士が，土地の取得には不動産業者が，建物のデザインには建築家が，実際の建設には建築業者が関わる。さらに，建物内部に誘致する各種の店舗は商業活動を専門とするコンサルタントが加わる。映画やイベント事業も同様に，さまざまな人や組織が，それぞれの技能を持ち寄ってひとつの事業を行う。この種のネットワークでは，プロジェクトの完成のために各々が得意とする技能をもちよって貢献し，協力しあうことがルールであり，秩序である。

　プロジェクトが終了すれば，ネットワークは原則として解散する。しかし，そのネットワークの中から個人的な信頼や友情が育つことがある。つまり，プロジェクトのネットワークに＋α（プラスアルファ）の要素が加わる。このような＋αにもとづくネットワークは，プロジェクト終了後も長期にわたって保たれることが少なくない。

②　産業

産業は，ネットワークによって成り立つという考え方もある。

たとえば農業は，農家のみで成立するのではない。米や野菜等の収穫物を運送し，それを商品として梱包し，さらに販売する業者とのネットワークにもとづいている。

自動車産業も，まさにネットワークによって成立している。鉄を溶かして成型する鉄鋼業があり，その鉄鋼をつかってさらに自動車部品を制作する鉄鋼加工業があり，自動車をデザインする会社がある。さらに，自動車の内装を制作するファブリック製造業者，タイヤを製造する過程に関わる各種の会社が関わり，そうして生産した会社を宣伝する広告業社，自動車を消費者にとどける販売業者らがいる。これら各組織がネットワークを形成し，総体として自動車産業を支えている。

③　産地：「○○○の町」

産地も，ネットワークで形成されているということができる。小規模な製造業者が同じ場所に集まって，産業を成立させている場合などである。

レザー製品を扱う皮革製造業はその典型である。動物の皮を国内外から仕入れて鞣し，タンナーと呼ばれる職人が染色を施し，さらに製造業者や作家がその皮を用いて製品や作品をつくって各地に出荷する。日本では，東京や姫路，和歌山に，そのような「皮革産地」がある（一般社団法人タンナーズ協会 HP 参照）。

別の例としては，福井県鯖江市のメガネの産地があげられる。ここには，デザイナー，メガネの金型づくりの職人，メガネを実際に組み立てて作成する職人，研磨を担当する職人などが集まり，日本のメガネフレーム市場の9割以上を生産している。

④　組織や産業のあり方を変える

ネットワークの試行錯誤のなかから，既存の産業活動のあり方が変わることもある。

　たとえば給与の支払いは，かつては組織の連帯感を高める重要な儀式だった。高度経済成長期の映画などを見ていると，給料日に社員が上司の席に呼ばれて月給として現金の入った封筒を手渡され，お辞儀をして両手でうやうやしく受け取るシーンがある。「お給料を頂く」という表現があるが，文字通り，上司から封筒を頂いていた。そのときに上司も，「ご苦労様。来月もよろしく」といった声をかけていた。給与手渡しの儀式は，社員の組織に対する帰属感や上司の威厳，そして人間的なつながりを維持する機能を果たしていたと思われる。しかしやがて，給与は銀行口座に振り込まれるようになった。さらに最近では，多くの組織が社員の給与計算と支払いを，給与計算を専門に扱う業者に外注（アウト・ソーシング）している。給与計算業者とのネットワークによって，自分たちの組織の経理業務の負担を少なくし，本来の業務に専念できる体制を整えるための効率化である。それとともに，企業内の人間関係も仕事を効率よくすすめるための機能集団の性格が強調され，威厳，励まし，ねぎらいといった感情に彩られた関係性の要素は薄まった。かつて，社員の人間関係のつなぎ役であった「給与の支払い」という儀式が機能になり，さらに，その機能が組織外に外注されるようになり，企業という組織のカルチャーが変わった。

　ネットワークは，新たな産業を生み出す力にもなる。上記の給与支払いの外注は，給与計算業という新しい産業を産み出したといえる。また近年では，情報を通じて形成されるネットワークも定着し，新たな産業が産み出されている。今では多くの人が，FacebookやLINEなどのデジタル・ツールを使って情報を共有するが，この情報共有のためのデジタル・ツールの運営そのものが，新しい産業である。

引用文献　　　　　　　　　　　　　　　　　　　　　　　　　　Reference ●

DiMaggio, P. and W. Powell, 1983, "The Iron Cage Revisited: Institutional Isomorphism and Collective Rationality in Organizational Fields", *American Sociological Review*, 48: 147-160.

Granovetter, M.S., 1973, "The Strength of Weak Ties," *American Journal of Sociology*, 78: 1360-1380.

Hannan, M.T. and J. Freeman, 1977, "The Population Ecology of Organizations," *American Journal of Sociology*, 82（5）: 929-964.

Harrison, B., 1994, *Lean and Mean: the Changing Landscape of Corporate Power in an Age of Flexibility*, Basic Books.

一般社団法人タンナーズ協会　https://www.kawa-ichi.jp/locality/ ：2021年7月6日ダウンロード．

Milgram, S., 1967, "The Small World Problem," *Psychology Today*, 1 : 61-67.

Pfeffer, J. and G.R. Salancik, 1978, *The External Control of Organizations: A Resource Dependence Perspective*, Stanford Business Classics.

Porter, K.A. and W.W. Powell, 2006, "Networks and Organizations," S.R.Clegg, C. Hardy, T. B. Lawrence, and W.R. Nord eds., *The Sage Handbook of Organization Studies: Second Edition*, Sage: 776-799.

Powell, W.W. and L. Smith-Doerr, 1994, "Networks and Economic Life," N.J. Smelser and S. Swedberg eds., *The Handbook of Economic Sociology*, Princeton University Press: 368-402.

Scott, R. and J. Meyer, 1994, *Institutional Environments and Organizations: Structural Complexity and Individualism*, Sage.

Williamson, O. E., 1975, *Markets and hierarchies: Analysis and antitrust implications*, New York: Free Press.

第 **2** 章

組織の生成とネットワーク

Key words：ライフ・サイクル（life cycle），知識（knowledge），
資金（fund）

1　組織のライフ・サイクルとネットワーク

　人は，生まれてから乳幼児期を経て児童の時期に至り，そうして青年期，成人期，老年期という人生の各段階を進む。これを，ライフ・サイクルという。そしてライフ・サイクルの段階ごとに，他者や社会とのつながり方が異なる。乳幼児期であれば，自身の身体的なケアもできないので，誰かの24時間つきっきりの見守りが必要である。多くの場合，その「誰か」は親，すなわち，血縁にもとづくインフォーマルなネットワークである。児童の時期は，集団生活に適応するためのトレーニングを始めるので，学校のような制度化されたフォーマルなネットワークが重要な意味を持ち始める。その後の青年期や成人期には，自分の家庭を持つなどしてインフォーマルなネットワークの担い手になるとともに，職場などの社会的に制度化されたフォーマルなネットワークでの貢献も求められる。そうして老年期には転じて，退職や子どもの独立などによってネットワーク全体が縮小する。

　これと同じように，組織にもライフ・サイクルがある。組織として形を成す生成期，その組織の活動が定着・拡大する成長期がある。時代の変化等によって縮小する時期もあるかもしれない。そして，これら組織のライフ・サイクルの段階に応じて，ネットワークの広がりや，フォーマルなネットワークとイン

フォーマルなネットワークの重要性や役割が変わることも，人のライフ・サイクルの場合と同様である。

この章では，組織が形成される段階の生成期のネットワークについて述べる。

2 生成期のネットワーク

新しい組織が生まれる段階では，ネットワークと組織は同一である。太郎君が，「行列のできるハンバーガー・ショップをつくる夢があるんだ」と，友達の次郎君に語る。次郎君は，パン屋の息子である（友人ネットワーク）。そこで次郎君が，「じゃあ，父親に手伝ってもらおうよ」となり（次郎君の血縁ネットワーク），事柄が始まる。この段階では，太郎君，次郎君，次郎君の父親というインフォーマルなネットワークが，「行列のできるハンバーガー・ショップ」という組織そのものである。

このように，組織の生成期には，友人ネットワークや血縁ネットワークなどの，インフォーマルなネットワークが重要な役割を果たす。しかし，組織の生成期をさらに細かく見ていくと，フォーマルなネットワークが関わる場面もある。また，同じ生成期であっても，ネットワークの広がりは同一ではない。そこでこの節では，生成期の組織がとりわけ必要とする知識と資金をめぐるネットワークについて，詳しく述べる。

(1) 知識のネットワーク

新しい組織の出発点は，アイデアである。まずはアイデアがどれほど有望であるのか周囲に相談し，どうすれば実現可能であるのかの方法を探し，やがて実際に組織をつくる段階に移行する。そしてそれとともに，ネットワークの様相も変わる（Greve and Salaff 2003; Wilken 1979）。

一番最初の段階では，先に述べたように，家族や友人などから構成される小さくて，インフォーマルなネットワークが主要な役割を果たす。太郎君が友人の次郎君に，「行列のできるハンバーガー・ショップをつくりたいんだけど，

どうかなあ」と相談するような具合である。

　次に，そのアイデアが「いいぞ」となって具体的な計画の段階に進むと，ネットワークが大きくなり，フォーマルなネットワークとの関わりができる。パン屋を経営する次郎君の父親を通じて，その父親と取引のある肉屋がネットワークに加わる。ハンバーガー・ショップの立地の相談や実際の物件探しのためには，不動産に詳しい人からの助けが必要だろう。さらに，メニューの組み立て方は飲食を専門とするコンサルタントに，調理法は調理の専門家に教えてもらわなければならない。こうして得られるのは，的確な知識である。情報は，今日であれば誰もがインターネットを通じて，いくらでも収集できる。しかし，その中で信じてよいものとそうではない情報をどう見分けるか，ハンバーガー・ショップを始めるにあたって特に注意をしておかなければならない情報はどこに集まっているのか，という知識が重要なのである。そしてその種の知識は往々にして，経験にもとづいて蓄積される。そういった確かな知識をもたらしてくれるネットワークにつながることが，ポイントである。

　そうして実際の組織設立の段階に進むと，一度広がったネットワークは再び小さくなる。ハンバーガー・ショップの物件が決まり，メニューが決まり，調理法が定まるとともに，それまで関わっていた不動産屋やコンサルタント，調理の専門家とのやりとりは減少する。そして，「行列のできるハンバーガー・ショップ」というアイデアを一貫して支え，さらに開店してのちの運営も支えてくれるような「強いつながり」が残る。それは，始めから相談にのってくれていた友人の次郎君かもしれないし，太郎君の夢に賛同して共同経営者として加わることになった投資家かもしれないし，ハンバーガーを試食して味が一定に保たれているかについてチェックをしてくれる太郎君の母親かもしれない。つまり，この段階ではすでに一定の知識の獲得作業は終了しているのであるから，ネットワークに求められるのは，大きさや，フォーマルかインフォーマルかといった事柄ではなく，実行力である。

(2) 資金のネットワーク

　組織をたちあげるための資金が足りない場合には，親や友人から借りる。つまり，資金のネットワークも小さく，かつ，インフォーマルなものから始まる場合が多い。銀行でローンを組むのは，フォーマルなネットワークを通じての資金調達であり，そのためには実績が必要である。したがって，設立の準備期間の段階から銀行のようなフォーマルな組織と資金のネットワークを持つ組織は少ない。

　このようななかで，インフォーマルでもフォーマルでもない新しいつながりが，資金のネットワークとして有効に機能するようになる場合がある（Jensen and Koenig 2002）。近年のクラウド・ファンディングは，その好例である。

　たとえば筆者の所属する大学に，高齢者介護施設のレクリエーション活動を担当するボランティアを派遣する事業を始めた学生がいる。介護施設の職員にとって，レクリエーション活動は往々にして負担である。介護職員は，レクリエーションの内容を毎回考えなければならず，しかも数時間，それにつきっきりでプログラムを実施しなければならない。しかし介護職員は，ただでさえ人手不足で忙しい。そこで，介護職員のプロの技能は介護に集中して使ってもらい，レクリエーションはボランティアが担当することで，介護職員の負担軽減に貢献しようという発想だった。そこで構想した事業は，インターネット上でのボランティア登録と，ボランティアを求める施設とのマッチングである。ボランティアとして登録する際には，提供するレクリエーションの内容を申請する必要があるのだが，そこは何でもよい。歌をうたうこと，趣味のマジックを披露すること，マニキュアを塗ってあげること，鉢植えの植物の手入れをすること，ただ話し相手をすること，などなどである。施設は，月々の登録料で契約をしておいて，必要な時に必要なボランティアを派遣してもらう。ボランティアの側からすると，日頃から自分が好きでしていることを，自分の都合にあわせて施設で披露するだけである。

　このアイデアを掲げてクラウド・ファンディングで資金集めを開始したところ，いきなり100万円の資金を得たという。後に調べたところ，同じようなア

イデアをもって自分で起業するために資金を貯めていた女性が，自分で活動を
始めるよりも，このクラウド・ファンディングに寄付をした方が良いと考えた
ということであった。こうしてクラウド・ファンディングでさらに資金を集め，
その女性もスタッフとして参加し，活動は徐々に軌道にのった。学生の自宅の
パソコンから始めた事業であったが，数年を経た現在はプロの投資家の支援を
得て，都心に専用のオフィスを構えるに至っている。

　インフォーマルな社会関係を資金のネットワークに読み替えて，フォーマル
なネットワークにつなげた事例もある。カナダのモントリオールにある，手作
りパン屋を営む知的障害者の NPO のケースである。

　このパン屋は，長年にわたって事業を行っており，さらなる安定と発展を見
込んで新たな事業計画をたてた。パン焼き釜を大きくしてもっとたくさんのパ
ンを焼き，店頭で売るだけではなくて他の店に卸すことによって，事業規模を
拡大しようというものである。大きなパン焼き釜は，高価である。現在の店舗
では大きなパン焼き釜を置く場所がないので，広い台所を持つ店舗に新たに
引っ越すための経費もかかる。また，事業規模の拡大をすれば人を新たに雇わ
なければならないので，人件費も増大する。こうして必要な先行投資の額を割
り出して，銀行の中小企業向けローンに申し込んだ。ところが，銀行のローン
審査に落ちた。銀行というフォーマルなネットワークにつながることを，拒否
されたのである。理由は，このパン屋には「資産」が無いからだった。

　この話をパン屋から聞いたモントリオール大学のブシャード先生は，「銀行
のローン審査の計算式がおかしい」と反論した。知的障害者のパン屋は，普通
のパン屋とは異なる。経営が危ないとなれば，知的障害者の親たちが，友人や
知人に声をかけてパン屋の売り上げを支える。こうして，他の飲食店が開店と
閉店を繰り返すなかで，このパン屋だけは，小さいながらも長年にわたって存
続しつづけてきたのだ。このインフォーマルなネットワークこそが，このパン
屋の「資産」なのだ。ブシャード先生の専門は，経済学である。そこで，イン
フォーマルなネットワークが持つ「資産」効果を組み込んだ計算式を開発し，
それにもとづくローン審査の導入を銀行に提案した。ブシャード先生の訴えは，

次のようなものである。「このパン屋のような当事者経営の店舗は，モントリオールに多数存在する。それらがもつインフォーマルなネットワークの「資産」を評価して適切な資金援助を受けられるようにすれば，それらの活動はさらに発展し，当事者の自立を促す。銀行は利子とともに資金を回収し，さらに，社会貢献を成す。Win-win ではないか。」このブシャード先生の活動に，モントリオール市内の多くの当事者団体が賛同し，署名を集めた。現在，モントリオール市内のすべての都市銀行は，ブシャード先生が提案した計算式を採用して，各種の NPO に資金を提供している（Bouchard 2013）。

(3) フォーマルなネットワーク

　一般には，組織の生成期にはインフォーマルなネットワークが果たす役割が大きいと述べた。しかし，生成期の段階からフォーマルなネットワークとつながる組織もあり，そのような組織は，そうではない組織とライフ・サイクルの進み方も変わる。

　Renzulli, Aldrich and Moody（2000）という研究者は，組織の始まりの段階からフォーマルな情報のネットワークが関わっている場合は，組織が実際に設立される確率が高いと報告している。その理由を，太郎君の「行列のできるハンバーガー・ショップ」にあてはめると，次のように説明できる。

　太郎君が両親に「ハンバーガー・ショップをつくりたい」と相談すると，太郎君の両親は，ありがちな反応をするだろう。太郎君の将来の幸福と安定を願うあまり，より安全と思われる企業への就職を勧めるのである。一方，プロの投資家や飲食業界の専門家などに相談をすれば，アイデアに可能性を感じられる限り，挑戦を促すだろう。つまり太郎君の未来は，両親というインフォーマルなネットワークに相談をするのか，プロの投資家や飲食業界の専門家といったフォーマルなネットワークに相談をするのかによって変わるのであり，フォーマルなネットワークに相談をした方が，ハンバーガー・ショップの開設にたどりつく確率は高まることになる。

　いわゆる業界とのつながりも，フォーマルなネットワークに相当する。組織

が出来上がる以前から業界関係者とのネットワークをもっていると，それが有利に働くことは想像に難くない。これについては，Baum and Oliver（1992）による古典的な研究がある。カナダでは保育園が民営化されているので，どのような組織も自由に保育園を開設できる。自ずから，サバイバル競争も厳しい。このようななかで，自治体を退職したスタッフが開園したり，「この地域に保育園が不足しているから，自分たちでつくろう」といったような住民組織から出発した保育園は，そうではない保育園よりもサバイバルしやすいという。

　フォーマルなネットワークは，組織の評判にも大きな影響力を発揮する。新しいレストランに著名な実業家が資金援助をしたとなれば，注目が集まる。各業界のプロは，無名の新人が始めた事業を疑わしく横目で眺めるものだが，そこに有名な投資ファンドが関わるとなれば，「あの投資ファンド会社が認めたのだから，将来性のある事業に違いない」と，認識を改める。このようなフォーマルなネットワークとの関わりは，「後ろだて」といわれることもある。フォーマルなネットワークがあることで，その組織は生成期にありながら，すでに信頼性を確立しているのである。

⑷ 知識と資金のネットワークの相互作用

　資金のネットワークが，知識のネットワークを強化する場合もある。

　たとえば，エンジェル投資家といわれる人々は，いいアイデアを持っていて，やり方さえ応援してあげれば成功すると思われる創業間もない組織に投資をして活動を応援してくれる。さらに，資金とともに組織マネジメントの専門家チームを送り込んだり，事業コンセプトを見直して洗練させたりするなどの具体的な支援をセットで提供することが多い（Ardichvili et al. 2000）。こうして，エンジェル投資家という資金のネットワークが，知識に関するフォーマルなネットワークにつながる役割を果たすのである。

3　どのようなネットワークに「埋め込まれる」かを コントロールすることはできるのか？

　第1章で述べたように，組織の活動は，その組織がどのようなネットワーク に「埋め込まれ」ているかと密接に関わっている（Granovetter 1985）。そこで組 織の視点からは，ネットワークの持ち方を意識的に変えることで，組織活動の 範囲や方向性もかえることができるのではないかという戦略的な興味が湧く。 そして実際に，そのような戦略はある程度有効だが，あらかじめ自分達の組織 が開拓すべき，そして開拓し得るネットワークにはどのようなものがあり得る のかを理解しておく必要がある。

　一般に，ネットワークには大きく3つの種類があるとされ，それぞれに利点 と難点がある（Hite 2003）。

　ひとつは，血縁や友人や知人のネットワークなど，インフォーマルな社会関 係に「埋め込まれている」タイプである。太郎君が「行列のできるハンバーガー・ ショップ」を次郎君と始めるといった場合がこれにあたる。開店早々の生成期 のみでなく，万一，売り上げに不安が生じたときにも，共通の友人や太郎君や 次郎君の両親などが多くの支援を提供するだろう。しかし，太郎君と次郎君が けんかをすれば，ハンバーガー・ショップの存続も，友情の継続も難しくなる。 このハンバーガー・ショップのネットワークが，友人や親族というインフォー マルな社会関係に「埋め込まれている」だけに公私の境界もあいまいで，ビジ ネスと友情の運命が分かちがたく絡まりあっている。

　もうひとつのタイプは，仕事に関わる能力に「埋め込まれた」ネットワーク である。前章で紹介したプロジェクトのためのネットワークが，これに当ては まる。太郎君のハンバーガー・ショップのアイデアに興味を持った街づくりプ ロデューサーが，食文化の雑誌編集者や飲食店専門の建築家などを呼び込み， 実験的な事業として太郎君のハンバーガー・ショップの開店に参加する場合な どが，好例である。この種のネットワークは，それぞれが期待される能力を発

揮することによって得られる信頼で，つながりが保たれる。期待される能力を
発揮できなければ信頼を失い，ネットワークから外されるというドライな一面
もある。

　最後のタイプが，評判のような，実体をともなわない力に「埋め込まれた」ネッ
トワークである。いわゆるセレブといわれる人々の業界を超えたネットワーク
が，これに当てはまる。このような人々だけが出入りをゆるされる会員制のレ
ストランや趣味のクラブがあり，そこで，「ハンバーガー・ショップを始める
のなら，この不動産屋に紹介してもらうのがいい」「この会社の社長に声をか
ければ，効果的な宣伝をする手助けをしてもらえる」という情報が交換される。
こうして，その場の出入りをゆるされてそこにいるという信用にもとづいてさ
まざまな情報とつながりを得ることができ，セレブたちも顧客として応援して
くれる。しかし，何かの拍子に大きな影響力を持つ人の機嫌を損ねるなどして
「出禁」となったり，大きなスキャンダルにまきこまれるなどすれば，あっと
いう間にそのネットワークからは切り離され，すべてが変わってしまうだろう。

　以上のようなネットワークの「埋め込まれ」方の 3 つのタイプから，次のよ
うな課題が浮かび上がる。特定のタイプのネットワークだけを拡大しても，ネッ
トワークの「広がり」には必ずしも至らないということである。たとえば誰か
と結婚すれば，自分の血縁ネットワークに加えて配偶者の血縁ネットワークと

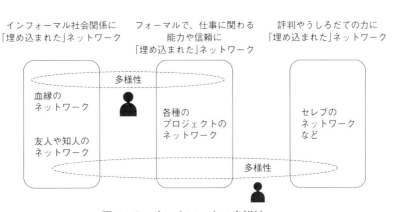

図 4 - 3　ネットワークの多様性

いう数が増える。さらにその血縁ネットワークの中にいる人々の配偶者や子ど
もをたどれば，血縁ネットワークの数はますます増える。しかしそのようなネッ
トワークをどのように拡大しても，血縁に「埋め込まれ」ていることにかわり
はない。王族や貴族という人々は，こうした血縁ネットワークに「埋め込まれ」
た存在の象徴である。つまり，血縁という閉じたネットワークの中にある。だ
からこそ，庶民からは程遠い，特別な存在なのである。したがって太郎君が，
自分の店のハンバーガーを友人と血縁者以外にも食べてもらいたいとするな
ら，ネットワークを戦略的に「広げる」必要があり，そのためには，多様性を
考慮しなければならないのである。つながっているネットワークがすべてひと
つのタイプにおさまっているのか，あるいは，複数の異なるタイプのネットワー
クが形成されているのかによって，「広がり」が変わってくるともいえよう。

　どのような人々や組織を対象とし，どのように発展して行きたいのか？　そ
の目指す方向によって，「埋め込まれる」ネットワークのタイプや広がりを意
識的にコントロールするのは，ひとつの戦略だろう。不特定の，なるべく多く
の人に働きかけるような活動であるなら，異なるタイプのネットワークへと広
がりを持たせることが重要になるだろう。

引用文献 ｜ Reference ●

Ardichvili, A., R.N. Cardozo, K. Tune and J. Reinach, 2000, "The Role of Angel Investors in the Assembly off Non-Financial Resources of New Ventures," R.D. Reynolds, E. Autio, C. Brush, W. Bygrave, S. Manigart, H.J. Sapienza and K.G. Shaver eds., *Frontiers of Entrepreneurship Research*, 20: 244-257.

Bouchard, M., 2013, *Innovation and the Social Economy*：*The Quebec Experience.* University of Toronto Press.

Granovetter, M., 1985, "Economic Action and Social Structure: The Problem of Embeddedness," *American Journal of Sociology*, 91: 481-510.

Greve, A. and J.W. Salaff 2003, "Social Networks and Entrepreneurship," *Entrepreneurship Theory and Practice*, 28: 1-22.

Hite, J.M., 2003, "Patterns of Multidimensionality Among Embedded Network Ties: A Typology of Relational Embeddedness in Emerging Entrepreneurial Firms," *Strategic Organization*, 1: 9-49.

Jensen, J.I. and H.F. Koenig, 2002, "The Effect of Social Networks on Resource Access and Business Start-Ups," *European Planning Studies*, 10: 1039-1046.

Renzulli, L.A., H. Aldrich, and J. Moody, 2000, "Family Matters: Gender, Networks, and Entrepreneurial Outcomes," *Social Forces*, 79: 523-546.

Wilken, P.H., 1979, *Entrepreneurship: A comparative and Historical Study*, Ablex.

第 **3** 章

成長のネットワーク

1　知識と理解のネットワーク

　組織が生成期の激動を乗り越えると，成長の段階が待っている。資金の確保
をはじめとする組織活動のルーティーンはすでに形成されているので，その後
は必要な知識を絶えず吸収し，さらなる成長を続けることが課題になる。知識
のネットワークは，組織の生成期においても重要であることは先の章で述べた
が，主な目的は知識の獲得であった。これに対して成長の時期には，知識の伝
達と共有を促すことが重要であり，その際には，多様なネットワークを，それ
ぞれの性質を理解したうえで活用することがポイントになる。

2　組織内のネットワーク

(1) ネットワークの結び目

　組織がつくられた初期の段階では多くの場合，組織の規模は小さい。そのメ
ンバーの関係は緊密で，さまざまな知識が共有され，判断や解釈の感覚も似て
おり，組織としての意思決定が迅速になされる。これが閉鎖的ネットワークの
効果であり，生成段階にある組織のメンバーの団結力と勢いは，このようなと
ころに由来すると考えてもよいだろう。しかし組織が成長期に入って規模が大

きくなると，メンバーは小さなサブ・グループに分かれて活動するようになる。組織全体で知識の共有をするためには，それぞれのサブ・グループが他のサブ・グループとつながり，互いの連携を保つ工夫が必要である。このようなときに，サブ・グループ同士をつなぐ結び目の役割を果たすメンバーがいるほど，組織全体のパフォーマンスは向上するという（Oh et al. 2004）。

(2) 弱いつながりの強さ

Mizruchi and Stearns（2001）という研究者は，次のような事例を報告している。

　銀行の中間管理職が，取引先への融資契約（銀行が取引先にお金を貸す契約）について担当部署から了承を得ようとする場合，多くの中間管理職は，すでに知り合いであったり，コネがあったりする担当者に書類を持っていくことがわかった。中間管理職は，多くの契約をまとめることによって自分の成績をあげようとする。また，自分の成績が低迷していたときに口座を開設してくれたような信頼関係のある取引先から融資をたのまれれば，恩返しに何とか融資をしてあげたいと考える。そういった事情もあわせて伝えて，「なんとかお願いします」と頼みやすいのは，コネのある担当者だからである。しかし実際には，日頃の特別なつながりがない担当者に頼んだ方が，融資の了承を得られる確率は高いことがわかった。しかも担当者からは，「○○○を見直して調整をすれば融資できます」といった率直な助言なども得られ，結果として最終的な契約の内容は，取引先にとっても，銀行全体にとっても，利益をもたらす方向に改善されるケースが多かった。

　これについて，次のような説明が可能である。

　銀行が融資をする場合，相手先が，契約通りに返済できる見込みがどれほど確実にあるかを見極めることが重要である。そのためには，相手先に関する多様な知識のみでなく，それにもとづく的確な判断が求められ，その折には，第1章で紹介した弱いつながりの強さが往々にして機能する。上記の銀行の例は，取引先と日頃からつきあいのある，強いつながりをもつ中間管理職は，知識は

十分に持ち合わせていても，判断が鈍る場合が少なくないことを示している。これに対して，同じ銀行に所属しているが「日頃の特別なやりとりがない担当者」という弱いつながりの方が，知識と判断のバランスをうまくとって，建設的な判断を行うために有効に機能したといえる。

(3) 知識のネットワークと行動の方向づけ

　組織が知識を求めるのは，それが組織の成長につながるからである。言い換えると，得られた知識に応じて組織行動を調整・変更することで，さらなる成長が可能になる。しかし，知識から組織行動の調整・変更に至るプロセスは，一様ではない。

　プロセスが単純な場合には，弱いつながりが力を発揮する (Hansen 1999)。

　たとえば大学のゼミ活動で，「来週の授業には全員が白いTシャツを着て来る」ことにした場合を考えてみよう。まずは，そのことを教員が授業中にアナウンスをしたり，授業の掲示板で伝えるのだが，往々にして，それは徹底されない。教員の話を聞きのがしたり，授業に来ていなかったり，指示を理解していてもうっかりそのことを忘れる学生がいる。Tシャツのことはどうでもいいと考えて，「スルーする」学生もいるかもしれない。このようなときに，学生の間に，互いに親友というほどではないが，同じゼミ生という程度での弱いつながりが形成されていれば，学生にとって異質な教員がそこに立ち混ざるよりは，学生に伝達を任せてしまった方が情報は伝わりやすく，結果として徹底した行動につながる。授業に来ていなかった学生には，比較的親しい関係にある誰かが，「来週の授業は，白いTシャツだって」とLINEで伝えるだろう。「白いTシャツが無いから一緒に買いに行く」となれば，どこの店が安いという情報も交換されるだろう。そうして「スルーをしていた」学生も，ゼミ生が「白いTシャツ」のことを話題にしている空気を察知して，「みんながそうしているのであれば白いTシャツを着ていく方がいいだろう」と判断を変える。

　しかし事柄が複雑になると，異なるネットワーク同士の協働が有効になる。白いTシャルのルールが，「ゼミの授業の日にフィールド・ワークに出る学生

だけが白い T シャツを着る」と複雑になった場合を考えてみよう。

　まず，同じゼミの授業に出ていても，その日にフィールド・ワークに行かない限りは何を着てもかまわないので，混乱が生じるだろう。フィールド・ワーク当日になって通常の衣服でフィールド・ワークに現れる学生がいるので問いただしてみれば，「逆だと思ってました。フィールド・ワークに行かない学生が白 T だと思い込んでました」という答えがかえってくるかもしれない。最初から「スルー」している学生もいる。そしてこのような時に多くの教員が体験するのは，指示をしたはずのことをもう一度確認したり，誤解する学生が出てくることである。「来週はフィールド・ワークには行かないので，自分は白い T シャツではなくていいのですよね」と学生に尋ねられたら，教員はそのたびに学生の名前とフィールド・ワークの予定表を見比べて確認し，返事をしなければならない。求められる組織行動の調整・変更の内容が複雑化したので学生内の弱いつながりのみでは対応が困難となり，学生ネットワークを越えて教員ネットワークに SOS が発信される状況と言い換えても良い。

　このような場合は，教員と学生のネットワークが協働をすることが有効である。そもそも，「フィールド・ワークに出かける学生は白い T シャツを着る」というルールは，教員内のネットワークの中で設定され，それが学生ネットワークに伝えられるという構図であった。教員と学生のネットワークは，相互に閉じている。そのネットワークの窓口を少しだけ開いて，互いに相談し，譲歩し，一緒に行動計画をつくるのである。ここに記すのは，筆者の同僚がゼミ担当教員として実際に体験したことである（個人情報をまもるために，事実関係を調整している）。

　まず，「白い T シャツを着る」ことをめぐって学生と教員が話し合いの時間を設定したところ，最初に学生からあがってきたのは，「なぜ同じ服装をしなければならないのか」という質問であった。これに対して別の学生が，「フィールド・ワークが大学の活動の一部であることを受け入れ機関に示すため」という見解を示した。こうして，教員と学生の双方が，フィールド・ワークを安全かつ円滑に進めるためには，学生がひとめでそれとわかる服装をしていること

が有効であり，その具体策として白いTシャツが妥当であるという判断を共
有した。

　次に，「自分がフィールド・ワークの日にあわせて洗濯済みの白いTシャツ
を用意できるか，自信がない」，「自分は白いTシャツを着ないので，わざわ
ざゼミのためにそれを買うことは気がすすまない」という意見が出された。こ
れに対して驚きであったのは，最も多くの学生がフィールド・ワークに行く日
であっても，その人数はゼミ生全体の3分の1にすぎないという発見であった。

　そこで，ゼミ生がお金を出し合ってフィールド・ワーク用のTシャツ（フリー
サイズ）をゼミ生総数の3分の1の枚数だけ量販店で購入し，教員の研究室に
保管することにした。そしてフィールド・ワークに出かける学生は，その日に
研究室に立ち寄って着用し，洗濯をしたのちに返却するというシステムをつ
くった。Tシャツは量販店で購入したので通常よりも安価に抑えることができ，
さらにTシャツの購入枚数はゼミ生の人数の3分の1ですむわけであるから，
購入経費の総額をゼミ生の総数で割って負担することで，学生のTシャツの
購入経費をその3分の1に抑えることができた。教員は，フィールド・ワーク
にでかけるゼミ生の全員が常に白いTシャツを着るという完璧なかたちで，
目標を達成した。着用後のTシャツを「洗濯をして研究室に戻す」というルー
ルがどこまで守られるかについては大きな不安が残る計画だったが，自宅から
通う学生が一人暮らしの学生のTシャツをまとめて洗ってあげるという，学
生間の「閉じた」ネットワークの心温まる機能なども発揮され，課題はすべて
クリアされたのであった。

　一般にこのような事例は，意思決定過程に当事者……この場合は学生……が
参加することの有効性として語られる。しかしこの理解では，意思決定過程は
あらかじめ教員が設定し，そこに学生が参加するという，教員側からの「上か
ら目線」が含まれてはいないだろうか。これに対してネットワーク理論は，複
数のサブ・グループの間の協働という，「同じ目線」感覚を強調する。知識を
もとに組織の行動が方向づけられるに至るプロセスには，いくつもの段階があ
る。白いTシャツの例では，まず，過去の経験に裏付けられた知識を共有す

る段階として，学生が一定の服装をしているとフィールド・ワークが円滑に進むという確認をする。次に，それによって学生の安全がまもられ，受け入れ機関の理解や支援を得られやすくなるという知識の背景要因について理解する段階がある。そして，実際に行動を起こす段階に移行する過程で，参加人数や白いTシャツを安価に必要なだけ購入できる店舗や，どの学生が一人暮らしで洗濯に不便をしているか等々の情報収集をする。このプロセスを，教員と学生がそれぞれの立ち位置をキープしつつも少しだけ自分たちのネットワークの窓口を開いて譲歩しあい，互いが納得できる行動計画を策定し，目的を達成したと読み取ることができる。

3　組織間のネットワーク

(1) 知識のネットワークの拡大

　自分の組織の中だけでは必要な知識を手にいれることができないとなると，組織は，知識のネットワークを組織の外に向かって拡大する方法を探す。
　まず考えられるのは，組織が必要とする知識を持っている人材を組織の外から雇い入れることである。たとえばサッカーの日本代表チームは何年もの間，海外の監督を雇用してきた。サッカーの経験においては日の浅い日本が，海外の選手やチームの間に共有されている技術や経験を取り込むためである。そうして新しい人材は，ネットワークとともにやってくる。海外の監督は，自身が信頼するコーチとともに着任する。さらに監督やコーチが海外のサッカー関係者との結び目として機能して，日本とのネットワークがつながり，国外のサッカー事情について的確な知識を得ると同時に，日本からも選手を派遣するなどして，日本のサッカー活動がグローバル化する。
　もうひとつの方法は，研究開発部門のようなセクションを各地に開設することである。近年ではとりわけ，技術が日々進歩しているような領域で海外にそのようなセクションを設けることが一般的になりつつあるようである。多くの企業が，さまざまな国や地域の知識や技術に関する情報を集めてイノベーショ

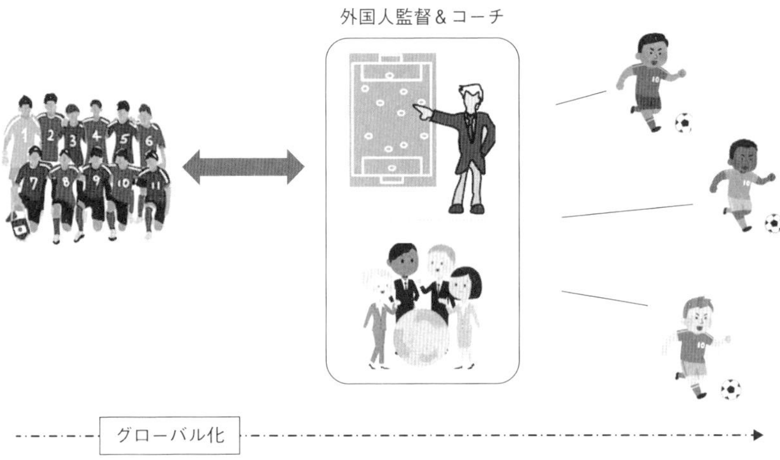

図4-4　知識のネットワークの拡大

ンにつなげている。

　必要な知識を得るためのネットワークを自分たちでつくるかわりに，すでに
そのようなネットワークを持っている組織を吸収合併してしまうという方法も
ある。たとえば日本のソニーが，オンラインの格闘ゲームの世界大会を行って
きた米国の会社の資産を買収し，別の米国の会社とゲームのトーナメント大会
をオンラインで実施することが話題になった。こうしてソニーは，オンライン
の格闘ゲームに関わる知識，すなわちゲーム開発に関わる情報や技術と，それ
を用いた世界大会を開くノウハウとネットワークを手に入れたのである。

　しかし，このような知識のネットワークを意欲的に開拓している組織は，現
実には少ないようである。Hansen and Lovas（2004）という研究者が新しい商
品の開発に取り組む5000のグループを調査したところ，相変わらず多くのグ
ループは，商品開発に必要な知識や技術に関する情報について，知り合いや地
理的に近いところに位置する組織から得ていた。実際には，最適の専門家や組
織は他に存在するにも関わらず，である。ネットワークの開拓は，エネルギー
を要する。手近な関係性のなかで物事を進める方が心地よく，楽である。しか

し，だからこそ，多くの組織がその心地よい場所から踏み出そうとしないなか
で未知のネットワークを開拓すれば，その効果ははかりしれないものになるだ
ろう。

⑵ アライアンス

　知識や判断の感覚を共有し，信頼関係が深まると，そのような組織同士が正
式に提携関係を取り結ぶことがある。いわゆる，アライアンスの構築である。
　アライアンスの効果について，Dyer and Nobeoka（2000）は，日本の自動
車メーカーであるトヨタを題材に次のように報告している。トヨタは，自動車

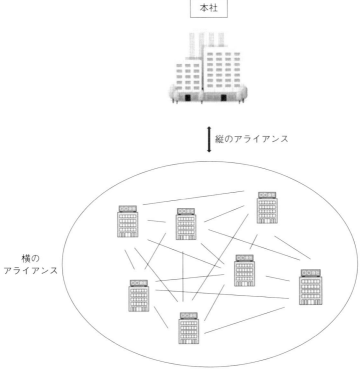

図4-5　アライアンス

製造に必要な部品を製造する会社を傘下に収めるトヨタ方式を開発した。Dyer and Nobeoka（2000）が注目したのは，トヨタ本社とそれら部品製造会社と縦のアライアンスと，トヨタに部品を納品する会社相互の間に形成された横のアライアンスが互いに補い合うようにして機能している点であった。トヨタのアライアンス部品製造会社は，こうすることによってうまくいったという成功事例を他のアライアンスの会社に積極的に伝え，他のアライアンスの会社はそのアイデアを取り入れて実行した結果をフイードバックし，そうして，どのような場合にはどの方法が有効であるかについて知識と判断を整理して共有する関係が形成されていた。トヨタに部品を納品する会社は，トヨタの指示に寸分の狂いもなく部品を製造する技術を持つ。そしてそのような技術は，的確な知識が正確に共有されるネットワークに支えられていたのだ。一般には，組織は自分たちにとって最も重要な知識や技術を他の組織に伝えることをためらう。ライバルに成功の秘訣を教えるようなものだからだ。しかしアライアンス関係にあれば，そのような心配をすることなく積極的に知識や技術を共有し，互いに高め合い，ひいては全体の水準を上げることにつながる。

　さらに，このようなアライアンスが効果をあげるためには，アライアンスに参加しているそれぞれの組織が，何が新しくて重要な知識であるのかを見分けて発信し，それらを積極的取り込んで自らをも変える力を身に着けている必要がある。そしてトヨタ本社は，アライアンスに参加している企業がそのような学習と適応を円滑に進められるようなサポートを行っている。また，第1章で紹介した構造的空隙（structural holes）がアライアンスの組織の間に数多くあると，知識を共有する場としてのネットワークの機能は低下する。これについてもトヨタ本社は，アライアンスに参加している組織が満遍なく互いに交流することを強く促している。そうして，共有された知識と判断力をもとに，日々の業務を改善することを求めた。このトヨタの取り組みはkaizenとして，英語化されている。

4　ネットワーク理論の可能性

　改めてネットワーク理論を眺めてみると，とりわけ知識の獲得と共有がポイントになっていることがわかる。そしてグローバル化の進展とともに，知識は国境を越えて伝達・交換されるようになった。このような変化は，組織のあり方をも変える。豊富な情報網にスピーディにアクセスして解釈し，それをもとにタイムリーに判断を行い，それらの経験を知識として蓄えて次に生かすというサイクルを機敏に回して行くためには，組織の規模は大きすぎないほうが都合がよい。また，トップから指示や命令が出されるピラミッド型の組織よりも，組織のどこからでも情報があがってきて共有され，多角的に検討されるような水平な組織のほうが，有効に機能する場合が多い。そして，そのような比較的小さな組織が必要に応じて集まってひとつの目的を達成し，他の課題については異なる別の組織とつながるといった流動的なコラボレーションのほうが，変化の激しい現代社会では有利に活動を展開できる局面も少なくない。特別な技能をもってフリーランスで活躍する人々が増え，そのような個人間のネットワークで大きなプロジェクトが進められることも珍しくなくなった。いずれ，組織というものもなくなってしまい，ネットワークだけが残る時代が来るのだろうか。

　ネットワーク理論は，このような新しい時代の新しい組織的な活動のありようを考える上で，大きな力を発揮しそうである。それとともに，理論的にもさらなる成長と拡大を遂げるだろう。本書でとりあげるビッグ 5 の中では，最も伸びしろを多く残している理論といえそうである。実際に国内では，中野(2017)や入山 (2019) が，経営やマネジメントの視点からネットワーク理論をとりあげ，大きな注目を集めた。

　ネットワーク理論の興味深い点は，上記のような最先端を追及する気配を漂わせつつ，昔ながらの堅実性をも強調する意外性にある。たとえばHagedoorn and Duysters（2002）という研究者は，コンピューター製造業に従

事する組織の調査結果から，次のような報告をしている。コンピューター関連領域のような変化の激しい環境で活動する組織こそ，無駄とも思われるような目配りをいとわずにあらゆるネットワークを駆使して情報を集めて丁寧に精査し，折々の判断を怠らないことが重要である，と。ネットワークは，何かを省いたり，要領で目的を達成するために存在するのではない。ネットワーク理論を通して見る組織の世界は，意外と地道であるように思われる。

引用文献　　　　　　　　　　　　　　　　　　　　　　　　　　Reference ●

Dyer, J.H. and K. Nobeoka, 2000, "Creating and Managing a High-Performance Knowledge-Sharing Network: The Toyota Case," *Strategic Management Journal*, 21: 345-367.

Hagedoorn, J. and G. Duysters, 2002, "Learning in Dynamic Inter-Firm Networks: The Efficacy of Multiple Contacts," *Organization Studies*, 23: 525-549.

Hansen, M.T., 1999, "The Search-Transfer Problem: The Role of Weak Ties in Sharing Knowledhe Across Organization Subunits," *Administrative Science Quarterly*, 44: 82-111.

Hansen, M.T. and B. Lovas, 2004, "How Do Multinational Companies Leverage Technological Competencies?: Moving From Single to Interdependent Explanations," *Strategic Management Journal*, 25: 801-822.

入山章栄 , 2019,『世界標準の経営理論』ダイヤモンド社

Mizruchi, M.S. and Stearns L.B., 2001, "Getting Deals Done: The Use of Social Networks in Back Decision-Making," *American Sociological Review*, 66: 647-671.

中野勉 , 2017,『ソーシャルネットワークとイノベーション戦略——組織からコミュニティのデザインへ』有斐閣

Oh, H., M. Chung, and G. Labianca, 2004, "Group Social Capital and Group Effectiveness: The Role of Informal Socializing Ties," *Academy of Management Journal*, 47: 860-875.

第4部のまとめ

ネットワーク理論の3つの視点
1．組織はネットワークに埋め込まれている。
2．組織のライフ・サイクルによって，形成されるネットワークは異なる。
3．組織が生成期を通過して成長・拡大の段階に至ると，知識のネットワークの重要性が増す。

第 5 部

組織の生態学

ポピュレーション・エコロジー理論

須田木綿子

　「どうしてこれほど多様な組織が存在するのか？」ポピュレーション・エコロジー理論の出発点は，この問いにある。そして回答は，「サバイバルのため」である。生物は種の保存のために多様化する。その過程で，弱い種は淘汰され，比較的強い種のみが生き残って種全体のサバイバル力を強化する。組織も同様だと，ポピュレーション・エコロジー理論は考える。壮大なスケールをもって組織の盛衰を語る圧巻の理論である。

第 1 章

組織は生まれ，栄え，そして消滅する

> Key words：組織ポピュレーション（organizational population），組織
> フォーム（organizational form），組織の慣性（organizational
> inertia），環境の包容力（carrying capacity），組織密度
> （density），当たり前＋信頼＋必要・便利＋正当性（legitimacy）

1　組織ポピュレーション

　ポピュレーション・エコロジー理論（Population Ecology Theory, PE 理論）を
体系化したのは，Michael T. Hannan と John Freeman という米国の組織理
論研究者である。そして今や，このふたりの最初の著作である "Organizational
Ecology"（1989）は，社会学領域の組織理論に興味を持つものなら誰もが手に
取るバイブルとなっている。

　PE 理論は，組織ポピュレーションという概念を中心に組み立てられている。
スナック菓子の小売り組織を例に，考えてみよう。話を簡単にするために，菓
子の製造と販売が一緒になっているような小規模の和菓子店やケーキ屋などを
除き，小売りのみに専念する業態を想定する。

　「スナック菓子」という表現は今時のものであって，もとは「お菓子」と呼
ばれていた食品の小売りが，ここでの主題である。そして「お菓子」は，「お
菓子屋さん」で売られていた。

　昭和の時代の「お菓子屋さん」の店内には，開け閉めができる透明なガラス
のフタがついた40〜50cm四方のマスがいくつも並んでいた。そして，それぞ
れのマスの中に，ポテトチップスやクッキー，おせんべいなどが入っており，
客が，「ポテトチップス200g」などと注文をすると，「お菓子屋のおばちゃん（も

図5−1　昭和のお菓子屋さん

しくは，おじさん）」がポテトチップスの入ったマスのフタをあけ，スコップの
ようなものでポテトチップスをすくい取り，ハカリで重さを測りながらビニー
ル袋に入れてくれる仕組みだった。やがて総合スーパーの時代が到来すると，
「お菓子」に代わって「スナック菓子」という言葉が多く使われるようになる。
工場であらかじめ包装された「スナック菓子」が棚に並べられ，客は好きな「ス
ナック菓子」の袋を自分でつかんで買い物籠に入れるようになった。それとと
もに，街の「お菓子屋さん」は姿を消していった。今は，「総合スーパー」と
ともに，「コンビニエンスストア」も重要な小売りのルートになっている。さ
らに，ネット販売も普及している。ポテトチップスには，消費者がネットであ
らかじめ予約をして，工場での揚げたてを3日以内に自宅に配送してくれると
いう，注文生産＆工場直送の仕組みを導入しているブランドもある。この方法
は小売りを介さない「工場直送」であり，新種のルートである。

　図5−2は，以上の経緯をグラフに示したものである。「お菓子屋さん」の
数を直接調査した統計は無いそうで，図5−2は，そのような中でかろうじて
見つけた資料である。情報は2002年とやや古いのであるが，ここで述べよう
としている事柄を伝えるには十分である。

　図5−2では，1991年を100％とした場合の各業態の増加率が示されている。
「コンビニエンスストア」は2002年までの11年間に160％増と急増しているのに

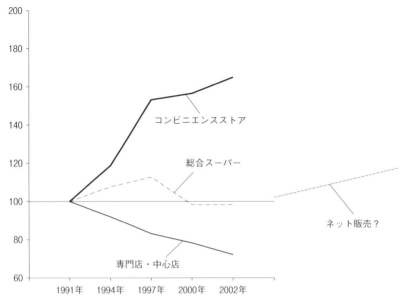

図 5-2　菓子小売り業の組織フォームとその数の変化

出典：経済通産省（2005）「わが国の商業　概要版」
（「ネット販売」の点線は筆者が仮想的に追加）

対して，「総合スーパー」は減少傾向にある。「お菓子屋さん」は「専門店・中心店」に分類されるのだが，こちらもまた，減少しつつある。一方，「ネット販売」は増加傾向にあるのだろうが，入手した資料にはまだ表れていないほどの新しい動向である。

　これを PE 理論にあてはめると，次のように説明できる。

① 「総合スーパー」「コンビニエンスストア」「専門店・中心店（お菓子屋さん）」「ネット販売」はいずれも，菓子を小売りする組織であるという点において共通する。これら組織の総体が，「菓子小売り」という組織ポピュレーションを構成する。

② 「総合スーパー」「コンビニエンスストア」「専門店・中心店（お菓子屋さん）」「ネット販売」は，組織のタイプ，すなわち組織フォームが異なる。つまり，「菓子小売り」という組織ポピュレーションは，多様なフォームを持つ組

織で構成されている。

③それぞれの組織フォームには，盛衰がある。**図 5 - 2** にあるように，「専門店・中心店（お菓子屋さん）」の数は減少傾向にある。そしてそれとは対照的に，「総合スーパー」という組織フォームが増加する。さらにその後に，「コンビニエンスストア」という組織フォームが増加する。

④その後は，「ネット販売」という新しいタイプの組織フォームが誕生し，増加する。

⑤この間，「専門店・中心店（お菓子屋さん）」という組織フォームは減少を続ける。

⑥こうして，その内部で各組織フォーム間の構成割合を変えながら，「菓子小売り」という組織ポピュレーションは存続し続ける。

このような組織集団の動態を，「組織エコロジー（生態）」という。ポピュレーション・エコロジー理論とは，組織の生態を，組織ポピュレーションの視点から検討する理論なのである。

2　PE 理論の発想──生物学の自然淘汰の理論

　PE 理論は，生物学におけるダーウィンの自然淘汰の理論に着想を得ている。生物は，種ごとに生存競争をしている。かつて地上には，恐竜が跋扈していた。恐竜は，巨大化して地上で暮らすもの，空を飛んだものなど，その形態は極めて多様であった。そしてこのような多様化は，種の保存のための戦略であった。環境が変動して地上での生活が困難になった場合でも，空を飛ぶことのできる恐竜は生き延びる。こうして，地上の恐竜が死滅したとしても，空を飛ぶ恐竜が生き残ることによって，恐竜という種は存続する。しかしその恐竜も，今は存在しない。絶滅の理由は，隕石の衝突という説もある。恐竜の多様化の努力は，隕石の衝突という環境における事件を乗り越えられなかったのである。

　一方，ゴキブリという生物もまた，すでに恐竜時代から存在していたという。

ゴキブリの形態も多様であり，地方型と都市型といった異なるタイプが存在する。おそらくゴキブリも恐竜時代以来，このような形態の多様化によって種の存続をはかってきたはずであり，この間，特定のタイプのゴキブリは消滅したに違いない。しかし恐竜とは異なってゴキブリは，隕石の衝突をも乗り越えて，今日に至るまで種の保存に成功している。

　このような種の保存の法則を，生物学では，自然淘汰という。環境の変動に適応できるように進化した種が存続をし，その進化が環境変動に合致していなかったり，あるいは環境変動に十分応えられるものでなかった種は淘汰される。

　では，恐竜が絶滅し，ゴキブリが存続するような自然淘汰の法則は，組織にも当てはまるのであろうか？　PE理論は，"Yes"と答える。

　恐竜やゴキブリといった種は，組織ポピュレーションに相当する。そして，巨大化して地上で暮らす恐竜や空を飛ぶ恐竜，ゴキブリの地方型と都市型といった形態の異なりは，恐竜やゴキブリというそれぞれの組織ポピュレーションの中の組織フォームである。「菓子小売り」という組織ポピュレーションの内部にさまざまな組織フォームが存在するのは，恐竜やゴキブリが種の保存のために多様化したことに等しい。人々のライフスタイルや社会全体の経済状態，ネットの普及のようなテクノロジーのあり様が変わっても，「菓子小売り」という組織ポピュレーションは存在し続けることができるように，新しい組織フォームを生み出し続けている。そうして，その時々の環境に最も適合する組織フォームが拡大し，適合しない組織フォームは周辺に追いやられる。どの組織フォームも環境に適合しなければ，組織ポピュレーションごと消滅する可能性があるのは，恐竜の運命と同様である。組織フォームの多様化と盛衰は，「菓子小売り」という組織ポピュレーションが生き延びるために必要な新陳代謝なのである。

3　PE理論の主要概念と視点

　PE理論は精緻に組み立てられている。理論的に導いた仮設を実際の調査

データをもとに検証しながら，議論をシステマティックに積み重ねてきた点が
特徴である。概念も多数あり，本書の限られたスペースで，そのすべてを説明
することは難しい。そこで，PE理論を説明するにあたって欠かすことのでき
ないと思われる概念として，組織の慣性，環境の包容力，組織密度，当たり前
＋信頼＋必要・便利＋正当性をとりあげる。

前提1：慣性の法則

PE理論には，組織は自らを変えることはできないという前提がある。
　再び，「お菓子屋さん」の例に戻る。「お菓子屋さん」が環境の変化に合わせ
てコンビニエンスストアになろうとしても，さまざまな困難が予想される。「お
菓子屋さん」としては良い立地であったが，コンビニエンスストアとしてはど
うだろうか。今ある「お菓子屋さん」の店構えをコンビニエンスストア仕様に
改装し，扱う商品を菓子類以外にも拡大し，店舗は原則として365日，24時間
営業となる。客層は大きく変わるだろう。接客の方法も変わるだろう。店主は，
このような変化に対応するための勉強をし，必要な資金と人材を調達すること
ができるだろうか。
　「お菓子屋さん」がコンビニエンスストアになるのは，地上の恐竜が空を飛
ぼうとする試みに等しい。条件に恵まれた「お菓子屋さん」は，このような転
身を遂げることができるかもしれないが，大多数の「お菓子屋さん」にとって
それは難しく，たとえ可能であっても時間がかかる。それよりも，初めからコ
ンビニエンスストアの経営を目指してそのための立地を選び，準備をする方が，
万事スピーディーでストレスもリスクも少ない。こうして，新規のコンビニエ
ンスストアが次々と開店する。「お菓子屋さん」がコンビニエンスストアに転
身するための準備が整ったときには，すでに周囲に何軒もコンビニエンススト
アがあって，「お菓子屋さん」は後手にまわり，競争には不利だろう。
　PE理論では，この「お菓子屋さん」の転身の難しさを，組織の慣性という
概念で説明する。組織は，一度フォームが定まると，同じ活動を日々繰り返す
ことは得意なのだが，環境の変化と同じスピードで変わることは難しい。つま

り，組織には慣性の法則が強く作用するのである。そのために，外界が変わるとそれまでの組織フォームは転身に手間取り，その間に，より適合的な別のフォームの組織が新規に参入し，広まる。

　組織の慣性は，PE 理論の中で最も論争の的になった概念のひとつである。この概念にしたがえば，環境が大きく変動した場合，すでにある組織は成すすべもなく，ただ新しい組織フォームによって自分たちが滅ぼされるのを待つだけ，ということになってしまう。しかし実際の組織はそうではない。自らのサバイバルのために，方策を尽くす。市場調査をし，新しい商品やサービスを開発し，有能なリーダーやメンバー（企業であれば社員）の獲得に躍起になるのはすべて，サバイバルのための努力である。そうして，新しい情報と新しい感性を身に着け，いわば組織内部の新陳代謝を繰り返すことによって，長きにわたって存続し続ける組織は少なくない。こういった指摘を受けて PE 理論も，組織の慣性の法則は絶対的なものではなく，自らの力で変わることができる組織も存在することを認めるようになった。とはいえ，考え方の大枠は変わらない。つまり，組織の進化は，個々の組織の改革的な自己変容によるのではなく，組織フォームの入れ替わりによって達成されるという考え方である。

前提 2 ：組織の衰退と存続の意味は，分析レベルによって異なる

　個々の恐竜やゴキブリにはそれぞれの命があり，個々の菓子小売店の背景には，店主やその家族がいる。いずれもが，自身の組織の繁栄と長命を願う。このような立場から見れば，新種の組織フォームの誕生は，脅威である。そして，個々の恐竜やゴキブリの死，望まずして閉鎖に追い込まれる店舗の存在は，悲しい。以上は，分析レベルを「個」に設定したときの感慨である。

　一方，種や組織ポピュレーションの視点から見ると，環境に適合しない組織フォームが退場し，環境への適合性を高めた新しい組織フォームが生まれることは，進化である。これは，分析レベルを種や組織ポピュレーションに設定したときの受けとめ方である。

　このように，生物や組織の誕生と退場の意味は，分析レベルによって異なる。

そして PE 理論は，分析レベルを組織ポピュレーションに設定した理論である。

前提 3 ：組織ポピュレーションのサバイバルは，環境の包容力に影響される

組織ポピュレーションが組織フォームを入れ替えて新陳代謝をはかっても，存続が難しいケースがある。その理由のひとつが，環境の包容力の多様性である。

たとえば大規模な総合スーパーは，東京のような狭い空間に人が密集する地域に適している。経営を成り立たせるために必要な人数の消費者を得つつ，経済効率性も達成することができるからである。コンビニエンスストアもやはり，人が多く住み，かつ，それらの人々が昼でも夜でも活動している場所で成立する業態である。これに対して，地方の人口が極端に少ないところでは，大規模な総合スーパーを建設しても，消費者の数がそもそも限られている。また，住民が夜 9 時に寝てしまうようなところでは，24時間営業のコンビニエンスストアという業態は，夜間に光熱費と人件費を無駄に消費するだけになる。この違いを説明する概念が，環境の包容力である。都会には，大規模な総合スーパーやコンビニエンスストアの経営が可能になるような環境の包容力が十分に存在する。すなわち，多数の消費者の存在や，夜間も買い物をする住民のライフスタイルである。一方，人口が極端に少なかったり，住民が全員早寝をするような地域には，その種の環境の包容力が無い。

環境の包容力という概念は，バーチャルな空間にも適用できる。ネット販売であっても，ネットを利用する十分な数の消費者が必要である。そしてそれを成立させるためには，インターネットが普及し，それを使いこなす IT リテラシー（IT を使いこなすために必要な知識やマナー）を消費者が備えていなければならない。

前提 4 ：「当たり前＋信頼＋必要・便利＋正当性をそなえた存在感」の確立も重要である

あなたが総合スーパーというものについて，聞いたこともなければ，見たこ

とも無かったとしよう。そんなある日，近所の空き地で盛大な建築工事が始まる。何ができるのか，と思っていたところに巨大な倉庫のような建物が現れる。出来上がったところを見物に出かけると，内部は明るく，音楽なども鳴っていて，何やら楽しそうである。外から覗いてみると，内部の至るところに棚が張り巡らされ，トイレット・ペーパーや洗剤，野菜や果物，菓子，飲み物，総菜など，ありとあらゆるものが並べられている。入るのは自由らしいのだが，出口では，何台か並んだ機械の前で，ピッピッと音をさせながら商品をチェックしている従業員らしい人々がおり，そこで金銭のやりとりもなされている。ここは，倉庫なのか，店なのか？　店であるにしても，一般消費者に向けてのものなのか，あるいは自身で薬局や八百屋，青果店，総菜屋，「お菓子屋さん」，総菜屋などを営む人が，それぞれ必要とする商品を仕入れに来る場所なのか？　誰に断らずとも勝手に棚から商品を取ってしまって怒られないのか？　あの機械の横を走りぬけることは簡単そうであるし，そうであるなら，お金を払わなくても欲しいものを手にできるのではないか？

　あなたはこうして様子見を続けながら，ひとり，ふたりと，総合スーパーで買い物をした近所の知り合いから，その体験談を聞く。一か所ですべての買い物が済むのは楽であり，場合によっては他よりも値段が安く，しかし出るときは機械のあるところで店員のチェックを受けて必ず支払いをすませなければならないことなどを知る。そうしていつしか，あなたも総合スーパーの利用者になる。そして，ある段階から，利用者は爆発的に増える。こうして総合スーパーという存在が広く受け入れられる。このようになれば参入も容易であるので，総合スーパーの建設が2軒，3軒……と続く。総合スーパーがひとつしかない場合，総合スーパーは特別な存在である。しかしその数がふえると，総合スーパーの仕組みは怪しくも怖くもなく，自分で棚から好きな商品を取ってカゴに入れて最後にレジで支払いをすることは当たり前となり，人々の日常になくてはならない存在になる。さらに，レジ脇を走り抜けて支払いをせずに商品を手に入れようとするなら，「それはルール違反なので警察に通報する」と総合スーパーが主張する。人々もそれに同意するだろう。そもそも，レジで支払いをす

るというルールを作ったのは総合スーパーなのだが，その総合スーパーのルールが，みんなの常識になったのである。これを，総合スーパーは当たり前＋信頼＋必要・便利＋正当性を確立し，総合スーパーという新しい組織フォームを世間に受け入れてもらうことに成功したという。

前提5：組織密度：過ぎたるは及ばざるがごとし

しかし，こうして総合スーパーが続々と開店すると，「混んだ」感じがしてくる。この「混んだ」感じを，組織密度という。組織密度は，一定の地域や業界における特定のフォームをもった組織の数で示される。

総合スーパーが増えすぎてその地域の消費者の購買力を超えると，今度は消費者の奪い合いが始まる。総合スーパーの組織密度が環境の包容力を超えたのである。この時点で総合スーパーの増加は止まり，サバイバル・モードに入る。つまり，消費者の奪い合い競争に勝ち残った総合スーパーは存続し，それ以外はその地域から退出する。そうして総合スーパーの数は減少に転ずる（図5-3）。そうすると，総合スーパーは「いついなくなるかわからない」存在となり，信頼もゆらぐ。

つまり，同じフォームを持つ組織の数が増えて組織密度が増すことは，新しい組織フォームが当たり前＋信頼＋必要・便利＋正当性を確立する助けになり，その組織フォームのさらなる増加を促す。しかし，組織密度が増えすぎて環境の包容力をこえると，今度はその組織フォームの退出を促す力に変わり，当た

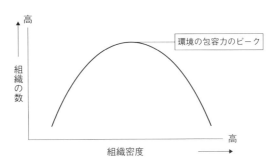

図5-3　組織密度と当たり前＋信頼＋必要・便利＋正当性

り前＋信頼＋必要・便利＋正当性もほころび始める。まさに，「過ぎたるは及ばざるがごとし」である。

4　組織のエコロジー

　組織ポピュレーションの内部では，さまざまな組織フォームが誕生し，拡大し，衰退する。そのプロセスは，環境の包容力や当たり前＋信頼＋必要・便利＋正当性をそなえた存在感，そして組織密度によって説明されることを本章で述べた。

　PE理論はさらに，組織ポピュレーション内の異なる組織フォームの相互関係について説明を精緻化し，理論としての完成度を高めていく。以下，そのようなダイナミクスについて説明する。

引用文献 ┃ Reference ●

　Hannan, M. T., and J. Freeman, 1989, *Organizational Ecology*, Harvard University Press.

　経済通産省 , 2005,「わが国の商業　概要版」https://www.meti.go.jp/statistics/tyo/syougyo/dms/2005/（2021年4月15日閲覧）

第 **2** 章

組織のサバイバル・ルール

Key words：組織の年齢（organizational age），組織の規模
（organizational size），組織の適応（organizational
adaptation）

1　組織の存続と退場を分ける要因は何か？

　PE 理論は，組織の盛衰の物語を，組織ポピュレーションにもとづく壮大な
スケールで描くものであると先の章で述べた。そしてその物語は，組織の新陳
代謝，つまり，環境に適合しない組織フォームの退場と，新しい組織フォーム
の誕生によって展開する。

　しかしその一方で，それぞれの組織フォームの内部でも，個々の組織間のサ
バイバル競争が行われている。では，どのような組織がサバイバルを果たし，
どのような組織が退場するのだろうか？　PE 理論が注目するのは，組織の年
齢，組織の規模，そして環境の変化に対応するための組織の適応である。

2　組織の年齢とサバイバル

　古くから存在して年齢が高い組織は，環境に適合するためのさまざまなノウ
ハウを蓄積していると予想され，競争相手としては手ごわいだろう。したがっ
て，ここに新しい組織が入ってきて競争することには不利が予想される。マラ
ソン初心者がフルマラソンに参加して，ベテランの選手に勝負を挑むに等しい。
これを，「新しい組織であるがゆえの危うさ（liability of newness）」という。

　しかし，研究が進むにつれて話は複雑になってきた。

　まず，組織にとって新しいことが不利なのであれば，設立早々の組織ほど消滅しやすいはずである。ところが実際にデータを集めてみると，現実はそれとは異なることがわかった。設立早々の組織は,消滅しにくいのである。そこで，次のような仮説が提案された。設立早々の組織には支援者がいて，資本金や人的資源などの応援が提供される。組織を実際に運営している人々の熱意も大きなエネルギーになるだろう。ケーキ屋のような小売業であれば，家族や友人・知人が開店祝いにやってきて，ケーキを買うだろうし，物珍しさから新しい消費者や取引相手が舞い込んでくるかもしれない。しかし，ケーキ屋の味やサービスが今ひとつであった場合，当初の応援はやがて枯渇する。こうしてケーキ屋は，設立後の熱狂の時期を過ぎたのちに，サバイバルか退場かの分かれ道にやってくる。これを「思春期の危うさ（liability of adolescence）」という。

　そうこうするうちに，古い組織は消滅のリスクが高いというハナシが出てきた。環境は刻々と変化するので，組織は長く存在するうちにその変化に取り残され，環境への適合性が減るからだと説明された。この考え方は「時代遅れになるがゆえの危うさ（liability of obsolescence）」と名付けられた。さらに，組織も長年活動を続けるうちに，内部での意見の相違や派閥などができ，それら異なる立場の間での不調和がめだってくる。そしてこれらが組織のパフォーマンスを落として消滅のリスクを高めるという考えから，「組織の老化による危うさ（liability of senescence）」という概念も提案された（Baum and Shipilov 2006）。

3　組織の規模とサバイバル

　次に注目されるのが，組織の規模である。

　組織の規模を測定する方法はさまざまである。資本金額，資産額，従業員数，生産能力，売上高などで把握する場合もあれば，非営利組織については，活動を支援するボランティアの人数や活動エリアの大きさにもとづいて判断する場合もある。

表 5 - 1　　組織の年齢と規模がサバイバルに及ぼす影響

・組織の年齢
　新しい組織であるがゆえの危うさ：Liability of newness
　思春期の危うさ：Liability of adolescence
　時代遅れになるがゆえの危うさ：Liability of obsolescence
　組織の老化による危うさ：Liability of senescence

・組織の規模：小さいがゆえの危うさ：Liability of smallness

　このように測定方法はさまざまであるにしても，組織規模は大きいほど安定感があり，サバイバルには有利であるように私たちは思う。「大企業はつぶれにくい」というイメージは，その好例である。こうして，小さい組織は不利になる。これを，「小さいがゆえの危うさ（liability of smallness）」という。

4　理論の修正——組織の適応とサバイバル

　しかし，実際に調査をして検証してみると，組織の年齢や規模が組織のサバイバルに及ぼす影響について，理論通りの結果は得られなかった。組織の規模が大きいほどサバイバルに有利であるという理論は概ね指示されたが，それでも理論とは異なる調査報告もあった。
　そこで PE 理論を考案した Hannan らが中心となって，理論の修正を行った。組織の適応という視点が加えられたのである。

(1) 組織の適応
　組織の適応とは，環境の変化に応じて組織が自らを変えることである。
　ここでカギとなるのが，先の章で紹介した組織の慣性の法則である。組織を強引に変えることは慣性の法則にさからうこととなり，組織は崩壊しかねない。とはいえ，それをおそれて変化を拒んでいては，サバイバルができなくなる。変わらないことと変わることとの間のバランスが求められる。そして，そのための具体的な方法が，組織の中枢（コア，core）において一貫性を保ちつつ，組

織の周辺部分（peripheral）を環境に応じて変えるというものである。

　たとえば近年，グローバル化にともなう伝統産業の海外進出がすすんでいる。織物工芸や日本酒の製造・販売など，職人の感覚が残る領域でものづくりに従事してきた組織が海外に進出する場合の組織の中枢は，職人的な手仕事の感性だろう。したがって，その中枢部分は残しつつ，周辺部分にあたるマーケティング部門や渉外部などは国際化をはかり，海外に進出することがグローバル化への適応のひとつになる。この間，もし国外の取引に目をむけすぎて中枢部分のものづくりの感性までが変わってしまうと，日本の伝統産業という特性が薄まるとともに競争力も損なわれ，最悪の場合には組織のサバイバルが困難になってしまう。これが中枢での一貫性の維持と周辺部分の変化のバランスの微妙かつ重要なところである。

(2) 組織の年齢を考え合わせると……

　では，組織の年齢を組み合わせると，組織の適応とサバイバルの関係はどのように整理されるだろうか？

　組織は活動期間が長くなるにつれて，組織内の人員や部署の関係が固定化し，ルーティーンで業務をこなすようになる。また，創業時には互いの個性とチームワークで暗黙のうちに行われていた権限や役割の分担が，社長−部長−課長……といった職位にもとづいて制度化される。この間，他の組織との相互依存のネットワークも安定するのだが，それは利害関係の「しばり」が増えることでもあるので，自分たちのサバイバルのためのみに組織を大胆に変革することは困難になる。すなわち，「時代遅れになるがゆえの危うさ」や「組織の老化による危うさ」が強調されるので，環境の変化に応じて機敏に周辺部分を変える組織の適応力は落ちると考えられる。

(3) 組織の規模を考え合わせると……

　組織規模についても同様で，組織は規模が大きくなるにつれて日常の業務がルーティーン化され，組織内の役割分担や命令系統もフォーマルに整備される。

こうして，同じ活動を安定的に繰り返す機能は高まるが，それは組織の慣性が強まることと同義であり，組織の適応力は低下する。

⑷ 組織の年齢と規模を同時に考え合わせると……

　ところが，組織の年齢と規模を同時に考え合わせると，真逆の観察結果も出てきた。組織が周辺部分を変える場合には，組織の年齢が高く，規模が大きいことは有利に作用するというのである。組織を変えるにはそのための資源が必要であり，かつ，リスクをともなうからである。

　先の，職人が伝統的な方法で日本酒をつくっていた会社が世界に出ていく例に戻ると，その経緯は次の様に説明できる。事前のマーケティング調査や新しいスタッフの雇用などのために多大の資金と手間を投入しつつ，すべては手探りである。このようななかで，組織の年齢と規模は関連しているので，組織の年齢が高くて規模が大きい組織は，そのような組織の周辺部分を変えるために必要な資源を豊富に備えている。たとえば，資金に余裕があり，先の章で紹介した「当たり前＋信頼＋必要・便利＋正当性」も備わっている。そしてそれらをもって，大手広告会社に依頼をして，海外の消費者に向けた PR を大々的に行うことができる（日本酒をワイン・グラスに入れ，正装してディナーを楽しむカップルの CM など）。また，日本酒にあう料理を有名シェフに開発してもらってレストランのメニューに入れてもらうといった飲食業界とのコラボも，大手企業となれば実現可能である。大規模組織には，「当たり前＋信頼＋必要・便利＋正当性」が備わっているからである。

⑸ さらに……変化はクセになる？

　このような組織の年齢と規模について検証をしている間に，新しい事実がわかってきた。組織は徐々に変化するのではなく，ある時，突然に，変身するというのである。その説明は，次のようなものである。

　組織には慣性の法則があるので，環境変化のスピードとおなじようなペースで自らを変えることはできない。しかしそうこうするうちに，環境と組織との

安定期Ⅲ

安定期Ⅱ

安定期Ⅰ

図5-4　組織は段階的に変化する

ギャップが大きくなり，やがて，組織の内部には変わらざるを得ないというエネルギーが充満し，それがピークに達したところで組織の変革が生じる。そしてその変化は一気に起こるので，何年も同じように活動していた組織が，抜本的かつ大胆な改革に「ついに，踏み切った」ように見える。つまり組織変化は徐々に進むものではなく，断続的に，階段状に進む「変身」のようにして起こる（図5-4）。

　また，ひとたび変身の術を覚えた組織は，繰り返し変身し続ける様子も報告されている。このような度重なる変身の経験を持つ組織は年齢を重ねて老練な適応力をもってサバイバルを続ける。こうして，組織の年齢が高いことは適応力の高さを示すものであることもわかってきた。

5　PE理論の美学——理論と検証

　PE理論は，発想そのものは比較的シンプルであったように思われるのだが，実際に調査をして理論を検証する過程で予想外の結果が得られ，その予想外の出来事を理論に組み込もうとして新しい概念や視点が加えられ，理論が複雑になっていった。本章で紹介した組織の適応や段階的な変化に関する議論が，その好例である。

　他にも考えあわせなければならない要因がみつかっている。そのひとつが，組織の適応と，環境の包容力や組織密度との関係である。たとえば，日本酒を好む海外の消費者が少ないことは,組織を支える環境の包容力の限界を意味し,

組織がグローバル化に適応するために必要な海外進出という変化・変身を阻む
ことになる。そのようななかで, 海外進出を志す日本酒の会社の数が増えれば,
組織密度の上昇によって海外の市場で当たり前＋信頼＋必要・便利＋正当性が
確立され, 消費者も増えて海外進出が促進されるというストーリーを描くこと
ができる。とはいえ, その組織密度もある段階を超えると組織間の競争が激化
するので, 海外進出は組織にとってのリスクに転じる。

　こういったPE理論の複雑さは, もはや美学である。時として見解の相違か
ら研究者の間で激しいやりとりがなされることもあるが, それも含めて, PE
理論の世界はストイックな挑戦に満ちている。

引用文献 ┃　　　　　　　　　　　　　　　　　　　　　　　　　Reference ●

Baum, A.C. and A.V. Shipilov, 2006, "Ecological Approaches to Organizations,"
　S.R.Clegg, C. Hardy, T.B. Lawrence and W.R. Nord, eds., *Sage Handbook of
　Organizational Studies*, 55-110.

第 3 章

組織の誕生

Key words：ニッチ（niche），サブ・ポピュレーション（subpopulation），
ジェネラリスト（generalist），スペシャリスト（specialist）

1 新しい組織は，どのようにして生まれるのか？

　新しい組織は，社会を変える。世界をも変えた新しい組織として，GAFA
（Google, Apple, Facebook, Amazon）を思い浮かべる人は多いだろう。日本では楽
天やソフトバンクなどが，このグループに入る。このような新しい組織は，ど
のようにして生まれるのだろうか？　PE 理論はこの問いについても，生物の
種になぞらえた壮大なスケールで説明する。

　ここでカギとなる概念は，ニッチとジェネラリスト―スペシャリストである。

2 ニッチ

　まず，ニッチとは何かについて説明する。

　ニッチは，もともとは生物学領域の概念である。アフリカのサバンナには，
ライオンやチーター，象などの，強くて大きい動物が多数生息する。しかしそ
こには，比較的闘争力の弱いチンパンジーも生息している。ただしチンパンジー
は，樹の上で暮らし，樹から採れるものを食料にし，強い動物たちとは独立し
た生活圏を形成することで生き延びている。ウサギも同様である。穴倉で草を
食べ，強い動物たちからは隠れるようにして暮らす。こうして，それぞれの種

が互いの摩擦をさけるようにして形成する自分たちの居場所を，ニッチという。

　PE 理論は，このニッチ概念を組織にあてはめる。「お菓子屋さん」は一般に，総合スーパーやコンビニエンスストアには押され気味である。しかし，東京の谷中では，「お菓子屋さん」は元気である。特に，和菓子のみを扱う個人経営の小規模な店が多い。寺院が集まっていて，茶会など，和菓子を必要とする会合が頻繁に開催されるからだろう。その時々の要望に応じて和菓子の内容を変えるには，個人経営の小規模の方が機動力がある。谷中は，そのような小規模な和菓子専門店にとってのニッチなのである。

　前述の GAFA が急速に発展したのも，ニッチを得たからであると説明ができる。ただし，場所のニッチではなく，時代のニッチである。

　農業・林業・水産業を第 1 次産業，それら自然界から得たものを加工する鉱工業・製造業・建設業や電気ガス業を第 2 次産業とすると，過去数十年の間に，サービス・通信・小売り・金融や保険などのサービス業から成る第 3 次産業が急速に発展した。その第 3 次産業を大きく支えたのが，貨幣経済の発達である。物々交換に代わって貨幣にもとづく交換関係が広がったおかげで，モノのかわりにサービスを「売る」ことができるようになった。次に，余暇と個人化の定着である。それまで家事として自分がしていたことをお金を払って誰かにやってもらい，あいた時間で「自分の好きなこと」（個人化）をして楽しみたい（余暇）という人が増えた。また，狭いエリアに人々がひしめきあって暮らすような都市という人工的な環境の拡大と増加も，第 3 次産業を支えた要素のひとつだろう。都市とは，サービスを買う人が集中して存在する空間であり，こうしてサービスを効率的に売ることができるようになった。

　このような中で，第 4 次産業といわれる情報通信産業が生まれた。第 4 次産業は，情報交換にもとづく制御システムで，人工知能が自律的に判断して効率化をはかるとともに，商品や提供するサービスの質の向上などに必要な情報も提供するようになる。このような第 4 次産業のニッチを支えているのは，第 1 〜 3 次産業の成果である。すなわち，第 1 次産業で得たものを加工する第 2 次産業の進展のもとに都市化が進行し，そこで第 3 次産業が発展した。この間，

電力供給の仕組みと通信網が整備され，機械化と大量生産の仕組みにもとづいて，携帯電話やパーソナル・コンピューターが安価に入手できるようになり，普及した。さらに先進諸国は比較的平和な時代にあって，各国の政府が人々の国境を越えた自由な情報交換を容認する体制をとっていた。こうして第4次産業が，第1〜3次産業の成果をふまえつつ発展し，ここにGAFAがニッチを得たといえる。

3 サブ・ポピュレーションの誕生

新しい組織の誕生を，新しいタイプのサブ・ポピュレーションの形成によって説明することもできる。第1章で述べた菓子小売業において,「お菓子屋さん」以外の「総合スーパー」や「コンビニエンスストア」等の新しい組織フォームが誕生してきた過程が，これにあたる。

菓子小売業のニッチを構成する要素としては，周辺住民の年齢構成や住宅事情，世帯構成，人口移動の活発さなどが考えられる。一戸建てが多くて家族世帯が多く，住民の入れ替わりが少ないような地域では，多人数向けの，かつ比較的年齢層の高い層に向けての商品が売れるだろう。総合スーパーのニッチは，このような場所である。広く和洋の菓子をカバーし，家族向けの容量の大きな商品をそろえ，価格帯も，比較的高いものから安価なものまで広範囲である。つまり，対象とする消費者の幅が広い。これを，総合スーパーのニッチは広いという。

しかし近年，単身世帯が大幅に増加した。都心の通勤に便利な地域や大学街などでは一人暮らし向けの集合住宅が多く，住民の年齢層は比較的若く，入れ替わりも激しい。また，そもそも住宅の少ないビジネス街や商業施設には，総合スーパーはいない。そしてこのような地域では，年齢が若い層向けで，かつ，個別包装されているので食べ残しが出にくいお菓子が売れるだろう。学生が多い地域では，価格が低くおさえられていることもポイントになる。コンビニエンスストアのニッチは，ここにある。特定の消費者にフォーカスした，狭いニッ

チの菓子小売業である。さらにコンビニエンスストアは，時間帯のニッチをも
開拓している。夜間に営業して，総合スーパーが営業していない時間帯に菓子
を売る。残業で遅い時間まで仕事をする人々には，貴重な存在となっている。
つまり，総合スーパーとコンビニエンスストアは，それぞれ異なるニッチを棲
み処とするサブ・ポピュレーションを構成しているのである。

　このようななかで，それまで誰も気づかなかったニッチを掘り当てて，目を
みはるような成長を遂げるサブ・ポピュレーションが往々にしてある。その好
例が，数年前のタピオカ・ミルクティー専門店のブームである。タピオカ・ミ
ルクティーは，総合スーパーでも，コンビニエンスストアでも売られていなかっ
た。タピオカ・ミルクティーは，もとは中国圏のバブル・ティーといわれる飲
み物で，和でもなければ洋でもない。さらに，飲み物とお菓子の両方の要素を
あわせもつ点でも特別であり，それゆえに専門店に行って買うべきもの，とい
う感覚にマッチした。そして，タピオカ・ミルクティーを好んで食するのは女
性に多く，「総合スーパー」や「コンビニエンスストア」，「お菓子屋さん」の
客層とは異なる。タピオカ・ミルクティー専門店という，新しいサブ・ポピュ
レーションの誕生である。

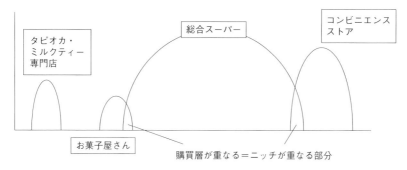

図5-5　菓子小売り業のニッチとサブ・ポピュレーション

4　スペシャリストとジェネラリスト

　狭いニッチで活動する組織をスペシャリスト，広いニッチで活動する組織を
ジェネラリストという。これまでの例では，総合スーパーはジェネラリスト，
タピオカ・ミルクティー専門店や個人経営の和菓子専門店はスペシャリストの
典型である。コンビニエンスストアは，その中間である。総合スーパーと比較
すればニッチが狭いのでスペシャリストであるが，タピオカ・ミルクティー専
門店と比べた場合にはジェネラリストといえるだろう。

　では，スペシャリストとジェネラリストでは，どちらがサバイバルしやすい
のだろうか？　この事柄についての PE 理論の理解は複雑である。誕生と発展
の段階において，異なるストーリーが予想されるからである。

(1) スペシャリストとジェネラリストのサバイバル

　本書の巻末に掲載しているガラスキウィクズ（2020）の講演録では，Hsu,
Hannan and Kocak（2009）による次のような研究が紹介されている。

　映画には，西部劇，コメディ，ロマンス，アクション，アニメといったジャ
ンルがある。西部劇はちょっと昔のアメリカ開拓時代の出来事を好む人々を客
層としてねらっており，コメディは笑いが好きな人々をターゲットとする……
といった具合に，それぞれのジャンルの映画にそれぞれのニッチがある。いわ
ば，映画はジャンルに応じたスペシャリストなのである。しかしたまに，複数
のジャンルをまたがるような映画がある。たとえば，男女の恋愛を喜劇的に（コ
メディタッチという表現が使われる）描いた映画は，ロマンスとコメディの複数の
ジャンルをカバーしている。このような映画はニッチが広いので，ジェネラリ
ストといえる。以上の区別をふまえ，スペシャリストとジェネラリストのどち
らの映画が批評家の評判や興行収入において優れているかを検討したところ，
スペシャリストの映画のほうが優れているという結果が得られた。

　このような報告をふまえてガラスキウィクズ（2020）は，新しい組織や活動

が定着して成功をおさめるためには，他の組織や活動との差別化をはかり，スペシャリストとしての地位を確立しなければならないとまとめている。新しく，かつ，何をしようとしているのかがはっきりしている組織が目の前に現れれば，人は驚き，好奇心をもち，その存在が印象づけられる。この法則は，先のタピオカ・ミルクティー専門店の事例に当てはまる。タピオカ・ミルクティー専門店は，他の菓子や飲み物と異なるタピオカ・ミルクティーのみを扱うスペシャリストとして，衝撃的なデビューを果たしたのである。

(2) スペシャリストからジェネラリストへの転向

　スペシャリストとしてデビューをおさめ，定着をしたのちは，ジェネラリストに転向した方がサバイバルに有利だといわれる。組織を取り巻く環境は変化し続けるが，ジェネラリストは，それによる不利な展開を他の活動で補うことができるからである。

　再び，菓子小売り業の例に戻る。何かの理由で，日本国内の全国民が，菓子を一切食べなくなったとする。このような場合，ジェネラリストの総合スーパーは，野菜や果物，肉，魚など，菓子以外の商品の売り上げで生き延びるだろう。これに対して，菓子専門店はひとたまりもなく，閉店・廃業するだろう。

　このように考えると，スペシャリストとしてデビューした組織が，多角経営に転換していく理由を説明できる。居酒屋として成功をおさめたのち，介護事業，宅配弁当などに事業領域を拡大した有名企業があるが，このような経営の多角化は，どこかひとつの活動領域に大幅な環境変動があって活動が停滞しても，他の領域の事業がバッファーとなって組織全体を支えることを可能にする。

　とはいえ，ジェネラリストがすべてのニッチをカバーすることは難しい。ジェネラリストが提供するものでは満足できない人々は必ずどこかに存在するし，ジェネラリストには十分に手がまわらない活動領域もあるからである。このような隙間のような狭いスペースをニッチとして，スペシャリストのまま存続し続ける組織はある。いわゆる「こだわりの○○」といったタイプの飲食店や雑貨店などが，これに該当する。

5　ニッチとスペシャリスト―ジェネラリストの法則を乱す要因

(1) 環境変動の頻度

　以上のようなニッチとスペシャリスト―ジェネラリストの法則を乱す要因がある。環境変動の頻度である。

　環境変動が頻繁に起こると，ジェネラリストの優位性は減少する。

　菓子小売業の場合，総合スーパーの菓子売り場が占める面積は大きい。人々がいっさい菓子を食べなくなったことによる売上の減少額は大きい。さらに，菓子を売らなくなったために空いたスペースを別の商品で埋めるための支出も大きい。そうしてようやく菓子売り場を別の売り場に転換したところで，今度は人々が種類やジュース等の嗜好飲料を買わなくなったら，菓子の場合と同様の巨額の損失を乗り越えて，今度は嗜好飲料売り場を別の売り場に転換させるための投資をしなければならない。ジェネラリストの多くは組織の規模が大きく，組織のかたちを変えることには多大の経費がかかる。組織の慣性の法則が働いて，変化を拒む動きも強いだろう。それら1つひとつを苦労しながら克服し，頻繁な環境変動への対応をつづけるうちに，総合スーパーは体力を消耗していく。そして最悪の場合には，廃業に至る。これに対してスペシャリストは，変動の激しい時代に生き延びることが比較的容易であるという。比較的小規模で，小まわりが効くためと思われる。

(2) 地理的な条件

　ニッチとスペシャリスト―ジェネラリストの法則を乱すもうひとつの要因が，地理的な条件である。

　よく話題にされる例として，GAFA の中では Amazon 以外の3つの企業がシリコン・バレーを本拠とすることがあげられる。これらの企業の周辺には，IT 関係の無数の中小企業や起業家のグループが集まり，さらに，これら新興

最先端の事業への投資のチャンスを求めて，ファンド企業も出入りをする。こうしてシリコン・バレーは，IT に関わる事業に必要な人材も情報も，さらには資金を得るチャンスも得られやすい場所となり，ブランド力を持つようになる。シリコン・バレーにある会社というだけで，「当たり前＋信頼＋必要・便利＋正当性」を得ることができる。

このような場合，ニッチ概念では，シリコン・バレーには Google, Apple, Facebook のような，ライオン並みに強力な企業が多数存在しているから，サルやウサギ並みの小さな IT 企業は，ライオンのニッチであるシリコン・バレーを避けて他の場所で活動したほうが良いという説明になる。しかし現実は，これと異なるのである。つまり，シリコン・バレーに関連組織が集中するメカニズムは，ニッチ概念のみでは説明できない。

6　組織の誕生の研究は可能なのか？

本章で紹介したニッチやサブ・ポピュレーションによる説明は，「始まりの始まり」から少し後の段階の話である。まだ存在していないものを研究することは難しく，したがって，すでに組織となっているものが一定の地位を確立するプロセスを説明してきたのである。では，組織の始まりはどこだろう。PE 理論は当初から，この問いに悩まされてきた。

組織の定義には目的の共有などがあげられるが，組織活動の「始まりの始まり」においては，定まった目的などなく，ただ人が夢中で何かに取り組んでいる場合が少なくない。災害時に，人々が自然発生的に集まって助け合う活動などが，その好例である。その場で必要とされていることに精一杯取り組むうちに関係者が組織化され，「○○○助け合いの会」のような名称を名乗るに至る。ではこの場合，「○○○助け合いの会」の「始まりの始まり」は，どこに設定されるのだろうか？

組織の本当の「始まりの始まり」の課題に PE 理論が向き合い始めたのは，PE 理論の体系化から20年を経てからのことであった。ここでの説明で興味深

いのは，組織の誕生は人々の主観によるとする理解である。

　たとえば毎週のゴミ出しの日に，ゴミ収集が終わったあとのゴミ出し場で，住民のひとりが自発的に掃き掃除を始めたとする。そのうち，もうひとりが加わってふたりで掃く。やがて2人，3人と，それに加わる住民が増えれば，1週間おきの交代制にすることができるので，やがてひとりが掃き掃除をするのは月に1週間のみで済むようになる。掃き掃除が，組織化されたのである。この間，ゴミ出し場の周辺の家の住人や通行人は，ゴミ出し場の汚れに悩まされずにすむ。そして，そのゴミ出し場がいつもきれいに保たれているのは，組織的に，掃き掃除を行う住民のグループがあるからだということに気づく。この瞬間が，ゴミ掃除活動を行う住民組織の誕生とされる。

　PE理論における組織の始まりの説明は，数学の集合理論をベースに極めて抽象度が高く，難解でもある。しかし，今まさに，新たな知の地平が切り開かれつつある様子をリアルタイムでフォローすることができるという醍醐味がある。これを実感したい読者は，まずはHannan, Polos and Carrol（2007）による "Logics of Organization Theory"（Princeton University Press）を手にとっていただきたい。

引用文献　　　　　　　　　　　　　　　　　　　　　　　　Reference ●

Hannan M.T., L. Polos, and G.R. Carrol, 2007, *Logics of Organization Theory*, Princeton University Press.

Hsu, G., M.T. Hannan, and O. Kocak, 2009, "Multiple Category Memberships in Markets: An Integrative Theory and Two Empirical Tests," *American Sociological Review*, 74（1）: 150-169.

内閣府, 2017, 日本経済2016-2017. https://www5.cao.go.jp/keizai3/2016/0117nk/index.html（2021年5月17日閲覧）

第 5 部のまとめ

PE 理論の 3 つの視点

1. 組織ポピュレーションは，組織フォームの入れ替わりにもとづく新陳代謝によって存続・進化する。
2. 組織のサバイバルは，組織の年齢と規模，さらに組織の適応力に影響される。
3. 組織の誕生は，ニッチ，サブ・ポピュレーション，ジェネラリスト―スペシャリストの棲み分けにもとづいて説明されてきたが，近年，人々の主観にもとづく説明が試みられている。

付 録　社会学領域の組織理論

ジョセフ・ガラスキウィクズ（アリゾナ大学）
[訳：須田木綿子・米澤　旦・門美由紀]

1　はじめに

　本日の講演の主題は，社会学領域の組織理論の近年の展開についてです。世界中の研究者が関わっていますが，その中心はアメリカです。本日はまず，社会学領域の組織論の大まかな見取り図を描くことから始めます。次に，それらの理論を用いて行なわれた研究をいくつか紹介します。そして最後に，最近耳にする「組織理論の終焉」という言説について，その意味するところと妥当性を検討します。ちなみに，この最後の論点については，今，結論を言うことができます。組織理論は，終わってはおりません。

2　社会学領域の組織理論の視角

　社会学領域の組織理論は比較的新しく，かつまた，非常に学際的なものです。心理学，経済学，社会学，歴史学など，実にさまざまな領域の研究者が理論構築に関わってきました。しかし1960年代までは，独立した研究領域として明確には認知されていませんでした[1]。

　それ以前から組織に関する著作物は数多くありましたが，多くは，特定の組織をマネジメントしてきたカリスマ経営者のような人が経験を書くという，非常に特殊かつ個別の事例報告ともいえるものでした。このことから，次の指摘が可能です。つまり，組織一般に関する理論など知らなくても，自組織の運営や経営はできるということです。

　では，組織に関する一般理論の意義とは何なのでしょう。それは，どのような組織にも適用可能な考え方と視点を同定し，それにもとづいて組織全体の動向を説明し，予測する点にあります。そういった組織理論の特徴として，以下の4点をあげます。

(1) 組織をとりまく environment および institutional context への着目

　社会学領域の組織理論では，組織そのものではなく，組織を取り囲む environment と，規範・価値・規則などのように社会的に構成された秩序を意味する institutional context[2)] に焦点をあてます。社会学を専門とされる方はよくなじんでおられると思いますが，社会学では，人間の行動を理解する際に，environment のみでなく，その人を取り囲む institutional context に着目します。Institutional context の例をあげますと，たとえば，こちらの女性がこちらの男性が所属する組織に移動して，こちらの男性はこちらの女性の組織に移動すると，それぞれの組織が準拠する institutional context が異なるわけですから，同じ人間なのにどちらの組織にいるかによって行動が変わってきます。また，実際の社会においては，どのような組織においても，準拠する institutional context が他の組織と根本的に全く異なるということは，まず，ありません。現実には，異なる組織が準拠する institutional context の間に共通点もあるので，複数の異なる条件の組織の間でぐるぐる人をまわしていけば，みんなが大なり小なり同じような行動をするようになります。この場合の「同じ」という意味は，彼女と彼が同じに動くということではなく，ぐるぐる動いている人たち全員が同じような特徴を示すようになる，ということです。これが社会学的な組織理論の重要な視点のひとつです。

(2) 組織のフォーム

　対照的な組織を比較することによって，組織のフォームの説明をします。
　マックス・ウェーバーのことは皆さんよく聞いたことがあると思います。官僚組織に関する彼の研究のポイントは，物事のコントロールの方法，労働の分

担の仕方，分担された仕事を進める上でのいろいろな決まりごと，共有される目的や目標に着目した点にあります。マックス・ウェーバーによれば，官僚組織の特徴は非常に中央集権的で，労働の役割分担について洗練された手法が存在し，明確なルールが確立され，一定のゴールが成員の間に共有されているということでした。

　これと対照的な組織として，地域の住民組織について考えてみましょう。中央集権的ではありませんが，だからといって中央集権の反対の分権といってしまっていいのかどうか……とにかく参加者は分散していて，いろいろな人たちがそれぞれに決定権を持っています。官僚組織のような明確な役割分担にもとづいて，電話係や受付担当者や会計担当者がいる，というタイプの組織ではなく，みんながいろいろなことに「わーっ」と一緒に取り組んでいる状態です。ルールに従うよりは直感的というか，そのときの感じでやっていて，「どうしようか」，「なんとかしよう」，などと言いながら対応しています。実践的といえばそうなんですが，ゴールも往々にしてあまり定まっていないので，困った人を助けようとか，自然環境をまもろうとか，子どもの教育を大切にしようとか，そういった大きなビジョンは共有されていても，それが具体的にどのような意味を持つのかは，掘り下げられていません。効果を測定できるようなゴール設定もされていないし，そもそも，そのゴールに向かっているかどうかさえわからない。しかし，こういう組織が意外と効果的だったりする場合もあります。この種の組織が準拠する institutional context は，官僚組織のそれとは大いに異なります。

　このように対照的な組織のどちらに所属するかによって，そこにいる人々の言動も変わってきます。ある人のもともとの感覚は住民組織的かもしれないし，他の人は官僚的な組織になじむ性格かもしれませんが，それとは別に，どちらのタイプの組織に所属するかによって人々の言動が一定の方向に変わるのです。このような組織特性を，組織のフォーム（form）といいます[3]。

　異なるフォームの組織を，合併などによって混ぜてしまったら，どうなると思いますか。いろいろな葛藤が起こるわけです。混沌とした状態になるかもし

れません。けんかが始まるかもしれません。余談ですが，大学がそんなような
ところです。そもそも中央集権的ではなくて，たくさんの専門家がいっしょく
たにいて，それぞれみんな違うルールを持っていて，統一的なゴールは何かに
ついては誰もはっきり言えません。こんな組織で働いている場合には非常に強
い性格で，抜け目なくやることが求められます。

　では，一定の目標を達成するには，どういった組織フォームが一番効果的な
のでしょうか。研究が始まるのはこの問いからです。

　たとえば過去の研究では，組織規模との関りが指摘されています（Blau
1972）。組織規模が小さい場合はインフォーマルなルールにもとづく，感覚的
な運営が適していますが，組織規模が大きくなるにつれて，フォーマルなルー
ルにもとづく官僚組織的要素が必要になるといわれています。要するに，組織
規模によって最適なフォームも変わってくるということです。テクノロジーに
よっても，組織の最適フォームは変わってきます（Woodward 1965）。たとえば
大量生産をする組織と手仕事的な作業をすすめる組織では，最適フォームは大
きく異なります。建築士の仕事などは，どちらかというと手仕事の要素が多い。
ですから，建築事務所は一般的に，官僚組織とは対照的な，非中央集権的な
フォームになっています。

　Environment も，組織のフォームを左右します（Lawrence and Lorsch 1967）。
顧客の好みがめまぐるしく変わるということは，潜在的な顧客という資源の入
れ替わりが激しいといえます。このような environment では，下部組織の人
たちが一定の権限を与えられ，直接その場で決定しやすい組織フォームがとら
れます。逆に environment が非常に安定している場合は，トップがすべての
決定をするような，中央集権的なフォームにもとづく運営が可能になります。

　Institutional context についても同じことが言えます。Institutional context
が安定しているところではルーテインを作りやすいので，規則も増え，組織
のフォームは官僚的になっていきます。しかし，たとえばソーシャルワークの
institutional context では，それぞれのクライアントが特殊な状況にあって違
う問題を持っているために，何が適切な判断かを定めることが難しく，安定的

とはいえません。結果として，どういうサービスを提供したらいいかについての決定をそれぞれのソーシャルワーカーが行う必要があり，ルーテイーンや規則に縛られる組織フォームは馴染まないということになります。

(3) 組織のトップの役割

以上のように，組織を environment や institutional context から説明するというアプローチでは，組織のトップの役割は相対的に小さくなります。このような考え方を支持する先行研究として，次のようなものがあります。

カーネギー・メロン大学が，1950年代から60年代にかけて，興味深い研究結果を発表しました（Cohen, March and Olsen 1972）。今日でいうところの社会構築主義的要素を非常に早い段階で導入した研究としても，開拓的なものでした。そこで示されたのは，組織のトップにある人たちは，必ずしも組織にとってベストな選択を追求するのではなく，そこそこいい落ち着きどころを探す傾向にあるということです。また，他のやり方がよさそうだとわかっても，いままで通りのやり方を続ける傾向も指摘されています。と同時に，きちんとした数字で示されるデータにもとづいて事実を検証することなしに，思いつきのようにして新しい方法を試す場合があることもわかりました。つまり組織のトップは，あらゆる可能な選択肢を想定し，それぞれの選択肢で達成しうる成果や効果を全部考慮に入れた上で，最適な判断を成すための努力を常にしているわけではないのです。

(4) 組織の意思決定

組織の意思決定は実のところ，誰がその場にいて，その人たちにとって何が一番好ましいと思われるかといった，非論理的要素や利害に規定されます。新しい議論に聞こえるかもしれませんが，実は Michels による1911年の論文が，すでにこのことを指摘していたのでした。彼の研究対象は，ドイツの社会民主主義を推進するために活動する政治団体で，メンバーの中のごく一部のエリートが権力を独占して鉄の掟と呼ばれるルールを敷いて，自分たちの利益のため

に政党を支配する仕組みをつくっていました（Michels 1911）。Mills（1956）や Domhoff（1967）は，企業，行政，軍隊のそれぞれのトップが，"ruling class"，すなわち限られた人たちで支配層を構成し，その3つの組織の間をぐるぐる移動して特権階級に居続ける仕組みについて論じました。こうして支配層は，自らに有利なように物事を進めていくのです。

⑸ 社会学領域の組織理論の視角

　以上から，組織の戦略とか，組織トップの能力や判断の妥当性には，大きな疑義が生じてきます。組織のトップの全員がそれほど優れているわけではないし，自己利益のために組織を使ってしまう場合があります。組織の意思決定の内実にも，合理的とは言えない要素が多く含まれます。そうであってもうまくいく組織があるのなら，その成功の要因は組織以外のところにあるはずで，こうして，外在的な要因の重要性が認識されてきます。言い方を変えますと，組織をつくるときには，environment にうまく適合することがカギであって，もし environment に合わなければうまくいかない，という考え方です。主体である組織の役割を重視しないという点において，これは非常に革命的なパラダイムの転換です。

　このような転換は，分析の視点（unit of analysis）の転換と連動します。働いている人や組織トップ，組織の意思決定過程といった個々の組織のレベルから，environment や institutional context へと，より上位もしくは広範囲のレベルに視点は移ります。

3　社会学領域の組織理論のふたつの潮流

　社会学領域では，以上のような特徴を共有するさまざまな社会組織理論があるのですが，ここでは代表的なものとして，エコロジー・セオリーと新制度学派の理論をとりあげ，それぞれの研究について具体的にご紹介したいと思います。

　エコロジー・セオリーも新制度学派も，もとになる理論があったのではなく，何もないようなところから，文字通り手作りのようにして構築されてきた理論です。両者とも，今，目の前にある組織が，そもそもどうしてそういうフォームをとるに至ったのか，そしてそのフォームが定着する過程で淘汰されたフォームとは，どのようなものだったのか，という関心から出発しました。

(1) エコロジー・セオリーと種別分類論の展開

　皆さんは，高校や大学で生物学を学ばれたと思うのですが，チャールズ・ダーウィンの進化論というものがありますね。Hannan and Freeman（1977）が，この進化論の種の保存の法則を組織に適用しました。競争しているという点だけをとりあげれば，生物の種の保存のための競争と，組織の生存競争は同じです。生物の種に相当するかたまりを，組織ではポピュレーションといいます。たとえば，小売りであればコンビニとスーパー，医療関係では病院と診療所，芸術関係では劇場と映画館などは，それぞれ異なるポピュレーションとみなすことができます。そして組織は，これらポピュレーションのレベルで存続のための競争をしているのです。非営利組織にこのような考え方を適用しますと，市民権運動に取り組む組織と女性の権利に関わる活動団体は異なるポピュレーションと考えられます。両方とも，活動資金の多くを寄付に頼っていますので，片方のグループがたくさんの募金を集めてしまったら，もう片方に寄せられる募金額は頭打ちとなります。このように，組織は，異なるポピュレーション同士で競合関係にあるのです。

　ここから，environment の重要性がわかってきます。引き続き女性の権利に関わる活動団体を例に考えますと，自分たちと似たような組織がたくさんあったら限られた募金の奪い合いになりますから，まず自分たちと似たような組織が他にどれほどあるのかということが，自分たちの組織の存続を左右するポイントになります。さらに資源の豊かさも重要で，この場合は，自分たちの活動領域に寄付をしてくれる市民がどれほどいるのかといったことが，資源の状態としてチェックすべき項目になります。また，たとえ少数であっても常に

寄付をしたりして応援してくれる市民がいれば，そのポピュレーションはenvironment の変動から守られて，存続が容易になります。このような特定の居場所を，ニッチ（niche）といいます。そして，これまでに蓄積されてきた多くの実証研究が，environment におけるこの３つの要因によって組織の成功と失敗が規定されることを示しています。

　エコロジー・セオリーの弱点としては，既存の組織の盛衰を説明するには優れていますが，新しい組織が誕生し，定着する過程を説明できないことが指摘されてきました。しかし近年，「種別分類論（classification theory）」の展開によって，この部分が飛躍的に強化されつつあります。オーディエンスは直訳すると観客ですが，この場合は，検討対象となっている組織の周辺にいる人や他組織を意味します。たとえばまったく見たことのない新しいタイプのレストランができたとして，レストランに食事をしに来るカスタマーは重要なオーディエンスです。そして，そのオーディエンスは，レストランについて社会一般に共有されているカテゴリーのようなものにしたがってレストランを判断するので，レストランがその既存のカテゴリーにいい感じにはまるとヒットすると説明されます（Hsu and Hannan, 2005）。

　カテゴリーについて，さらに説明をしましょう。私はアメリカ人ですが，思いきって，日本を例にとってみましょう。寿司屋というカテゴリーがありますね。他に，焼き鳥屋とビア・ホールを想定し，寿司屋を A，焼き鳥屋を B，ビア・ホールを C とします。さて，この A，B，C が並んでいるとして，人々はどうやって A が寿司屋だと認識するんでしょうか。それは，常識を使うわけですね。つまり，社会一般に共有されているカテゴリーです。まず寿司が出てくる。空間はどのように構成されているでしょうか。片側にカウンターがあって，白い和風のユニフォームを着ている人たちがその中におり，食べる人はその目の前に一列に並んで座っています。これは，ビア・ホールの空間とは違うわけです。ビア・ホールでは，真ん中にバーがあって，バーの周りに人が座っていて，ウェイターやウェイトレスは洋服を着ています。音楽も，ビア・ホールらしいといいますか，寿司屋とは異なる音楽が鳴っているはずです。こうい

う1つひとつの特性にもとづいて人々は，ここは寿司屋だ，ここはビア・ホールだと判断します。そうやってカテゴリーが決まったら，今度はオーディエンスは，それぞれのカテゴリーに付随する既存の基準にしたがって，寿司屋に対しては寿司屋の基準で，ビア・ホールについてはビア・ホールの基準で評価をします。こういった評価は，知らず知らずのうちにいつも皆がやっていることです。大学であれば，学部と大学院というカテゴリーがあり，それぞれに対して異なる基準が適用されます。その結果，教員がまったく同じ授業をしたら，学部学生には高評価であったものが，大学院学生からは物足りないといわれるでしょう。この場合のオーディエンスは，学生です。オーディエンスである学生が，学部と大学院それぞれを異なるカテゴリーと認知し，それぞれについて異なる基準にしたがって授業内容を評価しているのです。

オーディエンスは，目の前の組織がどのカテゴリーに分類できるのかがわかれば，今度は自分たちの持ち前の基準でその組織のパフォーマンスを評価しやすくなるので投資も促され，投資家というオーディエンスの支援が強化されます。ですから組織は，自分たちがどのような組織であるのかが各種のオーディエンスに正しく伝わるようなメッセージを発信しなければいけないといえます。

では，既存のカテゴリーには当てはまらないような新しいタイプの組織の存続については，どのような予測が可能でしょうか。この過程を説明するには，組織のスペシャリストとジェネラリストという概念が役に立ちます。特定の領域に特化している組織をスペシャリスト，いろいろな領域に足をかけている組織をジェネラリストといいます。たとえば，寿司屋だけを経営している会社はスペシャリストですが，老人ホームを運営し，スポーツグッズを売り，寿司屋も経営しているような会社はジェネラリストに分類されます。そして新しく生まれてきた組織は，既存の組織の特性を少しずつ取り入れてミックスしている場合が多いので，ジェネラリストと考えられます。そして一般には，ジェネラリストはオーディエンスの評価において不利であり，結果として存続も不利であるといわれています。オーディエンスが手持ちのカテゴリーではうまくその

組織を判断できず、「何をしようとしているのかわからない」という印象を与えてしまうからです。

　この一連の事柄を検証したのが、Hsu, Hannan and Kocak（2009）らによる映画を対象とした研究です。映画には、西部劇、コメディ、アクション、アニメといったカテゴリーがあり、それぞれに特性があります。西部劇だったら銃で撃ち合う、悪役がいる、そして我慢強い寡黙なヒーローがいる、といったところです。西部劇には必ずこの要素が入っています。だから、ちょっと退屈なんですよ。とにかくこのようにして、映画がそれぞれ、異なるカテゴリーにおさまっていきます。しかし、新しいタイプの映画は複数のカテゴリーにまたがるような特性があるために、うまく分類できません。先の概念を使えば、ジェネラリスト的な映画であるといえます。そこで、この新しいジェネラリスト的な映画と、既存のカテゴリーにうまく当てはまるようなスペシャリスト的な映画の評価を比べてみることにしました。すでに述べた理論にしたがえば、スペシャリストの方が存続は有利なわけですから、評価も高いだろうという仮説が成立します。

　調査は、2002年から2003年にアメリカで公開された388本の映画を分析対象としました。そして、映画の主要な3つのデータベースをとりあげ、どのデータベースにおいても同じカテゴリーに分類されている映画をスペシャリストとし、どのデータベースにおいても複数の異なるジャンルにまたがって顔を出してくる映画をジェネラリストとしました。コントロール変数として、役者、映画作成経費の規模、公開された劇場の数などを投入しました。その結果、スペシャリストの映画のほうが批評家の評価が高く、収益率も高いことがわかりました。以上から得られる結論は、次のようなものです。つまり、新しい組織や活動が定着して成功をおさめるためには、他の組織や活動との差別化をはかり、スペシャリストとしての地位を確立しなければならないということです。

　近年、社会的企業と呼ばれる組織が注目を集めています。営利的な特性と非営利的な特性の両方を有している点で、ジェネラリストと判断されます。そしてこれまでに紹介した理論にしたがえば、社会的企業が成功を持続させ、社会

に定着していくためには，営利組織とも非営利組織とも異なる第三のフォーム
を確立し，スペシャリストになる必要がある，といえそうです。そしてこの間，
それを後押しするような institutional context が整えられつつあります。たと
えば米国では，営利組織とも非営利組織とも異なる，社会的企業のための第三
の法人格を導入する動きが各州に広がりつつあります。それにともなって，社
会的企業特有の規範や理念のようなものも共有され，差別化が進み，社会的企
業固有の特性やアイデンティティが構築されつつあります。

(2) 新制度学派と inhabited institutionalism

　もうひとつの潮流は，新制度学派といわれるグループの考え方です。エコロ
ジー・セオリーとその流れを汲む諸理論が，資源や生存競争の強度に関わる
environment の状態に注目するのに対して，新制度学派では，規範，価値，
規則などの社会的に構成される institutional context に注目します。そして，
組織が成功するかどうかは，市場的な原理に規定されているわけでは必ずしも
なく，institutional context の一部として機能するように組み込まれることが
重要だという考え方です。この領域の研究で多くとりあげられるのは社会的な
公正性・公平性などに関わる組織で，行政や NGO，社会運動組織，メディア
機関，専門職団体，その他の非営利組織などです。そしてこれまでの研究では，
こういった組織は institutional context への順応をはかるわけですから，結果
として，同じ領域で活動する組織は互いに似通ったものになるという傾向が指
摘されています。これについてさらに説明を加えますと，たとえば公正性・公
平性といった課題については，それに関する議論の取りまとめ的な立場にあっ
たりして，影響力のある組織というものが存在します。他の組織はその影響力
のある組織に従うことで評判を維持し，そのことが成功や繁栄にもつながるの
で，組織間の類似性が高まります。このようなメカニズムによる成功は，組織
活動の成果や経済効率性とは必ずしも一致しません。
　とはいえ，事態はもっと複雑です。Institutional context は一定ではなく，
それに対して組織というものは，それほど短時間に，抜本的にやり方を変えら

れるものではありません。だから現実には，折々の institutional context から
の要請に従うふりをしておいて，自分たちのそれまでのやり方は変えないとい
う適応をはかります。これをデ・カプリング（decoupling）といいます。たと
えばアメリカでは，個人の属性に関わらず，どのような人も平等に雇わなけれ
ばいけないという法律があるので，女性とか少数民族にも等しく雇用の機会を
提供しなければなりません。これに対して多くの組織は何をするかというと，
その法律や規範に適合するような社内規定を作っておきながら，実際には人事
課は，紹介状を持ってきた人たちから雇うという実践を続けます。紹介で雇っ
ていますから同じような人ばかりが雇われることになり，マイノリティにとっ
て不利な状態は変わりません。表向きの社内規定と，実際の雇用のあり方がデ・
カプリングされているのです。

　これとは逆の現象として，建て前的なルールが現実的な効力を持った場合は
どうなるでしょうか。デ・カプリングとは逆の現象です。Meyer and Rowan
(1977) の理論では，このような場合，組織は本来の使命を果たせなくなるとさ
れています。Hallett (2010) は，この点についてアメリカの小学校を対象に検
討し，inhabited institutionalism[4] として概念化しました。

　アメリカでは近年の風潮として，学校教育もビジネスをやるのと同じような
考え方でやろうというムードが高まってきています。つまり，企業活動ですと，
売上などにもとづいて社員を評価し，その結果が給与や昇進に反映されます。
これを小学校教育にあてはめようというのです。しかし当たり前のことですが，
このような方法には無理があります。教師のパフォーマンスを，どのように測
定すればよいのでしょうか。その教師が教えた生徒たちが将来どのぐらい成功
するかによって判断するのも一法ですが，そのようなデータを生徒が小学校に
いる間は把握できません。ですから測定可能な指標として，生徒たちに何回も
何回も試験をして，その点数にもとづいて教師のパフォーマンスを評価すると
いう方法が考え出されました。教師をモニタリングするということです。

　だいたい，このような学校「改革」の動きは州政府がけん引することが多く，
お金が絡んできます。運営上の課題があって州政府から送られる予算が削減さ

れているような小学校が，こういった新しい方法を積極的に導入して州政府予算をもっと獲得しようとしますし，それを地域の教育委員会も応援します。今お話ししている研究では，そのような小学校を対象として，企業的な方法で学校を運営することに100％コミットしている校長先生が新たに着任した年に調査を行いました。

　アメリカの多くの小学校では教師は自律性を持っていて，教室内では誰の監視も受けないで教育活動を行っています。しかし，新しい校長先生が来てからは，それが大きく変わりました。たとえば，新しい校長先生はいつも廊下を歩いていて，予告もなしに，いきなり教室に入って来るようになりました。そして，もしそのクラスがうるさかったりしたら，校長先生が教師を注意します。生徒の目の前で，その教師がさらに高いところから物を言われてしまうのです。またそれまでは，生徒の成績が悪ければ教師と親が話し合うことで対応していたのですが，新しい校長先生が来てからは，同じ学年の生徒の成績をクラスごとに比較して，同じカリキュラムで教えているのに特に成績の悪いクラスがあれば，それは教師の問題だと判断されるようになりました。その影響を調べたところ，教師たちは，何をどのように教えるかについての制限が増えたとか，新しい校長先生に従う教師とそうではない教師の間の関係が難しくなったとか，病気になる教師や辞めてしまう教師が増えたという報告が得られました。生徒の成績も落ちました。学校内の institution が変わったことによって，教師や生徒にこれほどの変化が生じたのです。

　新制度学派の課題としては，組織やそれに関わる人の主体性が見えてこないという指摘があります。組織や人の行動は institutional context に規定されますが，人が組織を変え，ひいては組織が新しい institutional context を作り出すこともあります。そういった主体の側面を，新制度学派でも視野におさめる必要があるといわれています。そもそも，社会学領域での組織研究の出発点は，組織の中で人がどう働いているかということでした。マルクスや象徴的相互作用論の考え方は，この関心にもとづくものです。こういった流れの中で新制度学派も，組織の中での人と人との相互作用とそれに対する意味づけのなされ方

や，葛藤状況における個別の力関係などを分析視点に組み込む試みを重ねています。また，組織の安定的な状態の観察のみでなく，組織変化などの動態的側面を institutional context との関わりにおいて検討するような新たな取り組みも始まっています。

(3) エコロジー・セオリーと新制度学派の適用範囲

以上のふたつのアプローチはいずれも，environment や institutional context という，組織の外在的要因に着目する点で共通しています。ただ，得意とする対象は異なります。一般に，エコロジー・セオリーは営利組織の分析に向いていて，新制度学派のアプローチは，行政や非営利の組織を対象とする際に有効だといわれています。

4　組織理論は終わったのか？

いよいよ最後の話題になります。組織理論は終わったと言われているのですが，それは本当でしょうか。

社会学領域の組織理論には，ビッグ・ファイブと言われるグランド・セオリーがあります。それぞれの主要な研究者名と主著の発表年は以下の通りです。

- ・エコロジー・セオリー（Hannan and Freeman 1977）
- ・新制度学派の理論（DiMaggio and Powell 1983）
- ・トランザクション・コスト・エコノミクス理論（Williamson 1975）
- ・資源依存理論（Pfeffer and Salancik 1978）
- ・ネットワーク理論（Granovetter 1985）

主著の発表が特定の期間に集中していることは，明らかです。その理由は，ビッグ・ファイブの研究者がみな，ベビー・ブーマー世代だからです。この世代が大学に入った時期は，マルクスだとかウエーバーだとか，それまであった

理論や考え方はそれとして，自由に新しいことをやろうよという空気にあふれていました。しかし，ビッグ・ファイブが定着していくと，新しい理論が提案されても，結局ビッグ・ファイブにはかなわない，といったことが続き，ある時期に注目を集めても，その後の展開には至らなかった理論もあります[5]。

　最近の動向としては，理論化のしかたが変わってきていることに注目すべきです。グランド・セオリーの構築よりも，既存の理論をいかに組み合わせて関心のある現象を有効に説明するかに，研究者の関心が移ってきています。多くとりあげられる現象としては，男女や人種間の不平等，組織の成功や効率性，組織間の葛藤，合併や買収などがあげられます。最近特に注目を集めている現象では，イノベーションやクリエイティビティの向上などがあります。たとえば，男女間の不平等が見られる場面の増減を，組織の盛衰との関りにおいて検討するにあたり，エコロジー・セオリーと他の理論を組み合わせて説明力を高めるような，積極的な折衷の試みが増えています。また，どうしてCSRに熱心な企業とそうではない企業があるのかについては，新制度学派的アプローチで検討しつつ，同時にエコロジー・セオリーの一部を適用し，ちょっと経済学の考え方も導入するといった方法もあります。こうして構築される理論を，ビッグ・ファイブのようなグランド・セオリーに対して，ミッド・レンジ・セオリー（mid-range theory）[6]といいます。組織理論が終わったというのは，このようなグランド・セオリーの時代の終焉を指してのことです。

　ちなみに，理論の組み合わせ方は研究者によって異なるので，同じ現象をとりあげても，ミッド・レンジ・セオリーは研究者の数だけ存在することとなります。また，現象に対する深い理解が求められるので，現場の観察や実践経験の重要性が増しています。こうして，現場や実践経験のある人たちが理論構築において重要な役割を果たすようになっているとも言えます。

　しかし私個人としては，グランド・セオリーの今後について全く悲観していません。私のような組織研究オタクにとって，ビッグ・ファイブは変わらぬ光彩を放っています。ビッグ・ファイブのような優れた理論には，どのような課題についても，適切な議論の組み立て方と方法論を示唆してくれる羅針盤のよ

うな機能が備わっていて，その理論をもって結果にいたるまできちんと説明することができます。また，ビッグ・ファイブを注意深く見てみれば，それらもまた，既存の理論を組み合わせてオリジナルな理論に高められていったことがわかります。新制度学派のアプローチなどは，まさにこの例に当てはまります。組織の同型化を institutional context との関りにおいて論じる視点は，Herbert Simon という研究者が，新制度学派のはるか以前に提唱していました（Simon 1957）。ですから，今進められているミッド・レンジ・セオリーの積み重ねから，新しいグランド・セオリーが生み出される可能性はあります。

　社会学はそもそも，environment や institutional context を重視する学問です。もし environment や institutional context の影響を考慮する必要が全く無いとするなら，人の行動のすべては，その人の性格と遺伝子，それから脳の状態といった，個人の条件に帰せられることになります。あとは，折々の偶発的な条件でしょうか。そうすると，人が経験することはすべて，その人に限っての，かつ，1回だけのユニークなものであり，人と environment や institutional context との間に法則性は無い，という話になってきます。法則性が無いのですから，理論などは必要なくなります。自ずから，組織理論も必要ありません。私は，逆説的に言っているのです。Environment や institutional context も，人の行動において重要な役割を果たすのだという社会学の前提が共有され続ける限り組織理論も存続することでありましょうし，私は，それを確信しています。

解題者・訳者注

1）解題者注：以下の文献を PDF ファイルとして無料で入手できる。
　"The Origins of Organization Theory."
　https://www.researchgate.net/publication/256043102_The_Origins_of_Organization_Theory
2）訳者注："Institutional context" は社会的に構成された秩序で，"institutional environment" と言い換えられることも多い。"Institution" は「制度」と訳され，法律等の規定にもとづいて導入されている社会の仕組みを意味することが多い。しかし，"institutional context" には，制度に加えて，社会通念としてあたりまえのように共

有されているので人々の意識にすらのぼらず，したがって明文化されたり言語化されたりすることもないようなインフォーマルな価値や規範，暗黙のルールなどが含まれる（たとえば；DiMaggio and Powell, 1983）。したがって，本稿において"institutional context"を「制度的文脈」「制度的環境」と訳出しては，無用な混乱を招いたり，本稿の趣旨理解の妨げになると懸念された。ちなみに，"institutional context"の訳語案としては，「コンテクスト」「社会文化・制度的環境」「社会文化・制度的コンテクスト」などが考えられた。

　"Environment"は，組織の活動を支える資源と生存競争の強度に関わる条件に着目した概念で，購買者・支持者数やアクセス可能な行政の補助金や寄付金の総額，同じポピュレーションに含まれる競合組織の数などが含まれる。とはいえ，たとえば制度の改訂等によって行政の補助金総額や補助金取得に関わるルールが変われば，資源配置や関連組織間の生存競争のダイナミクスも変わる。そしてそのような変化を検証するにあたっては，制度改訂そのものが分析に組み込まれ，上述の"institutional context"との差異は曖昧になる。

3）訳者注:「フォーム」の定義も，曖昧である。関連部署の関係図で示されるようなフォーマルな組織の構造のみでなく，実際の運用や組織文化的な要素（フォーマルな組織を越えて異なる部署が連携することが慣習化されているかどうかなど）を含む。こうして，組織の所属する人々の行動特性もフォームに含まれることがある。

4）訳者注："inhabited institutionalism"は，institutionalizeされた価値・規範・規則がdecouplingされることなく組織にとりこまれ，遂行されるようになる現象である。「生きられた制度主義」「相互作用的制度主義」「埋め込まれた外在的価値・規範・規則」といった訳語が考えられたが，「生きられた制度主義」ではトーンが肯定的すぎるように思われ「相互作用的制度主義」では中立的にすぎるように思われた。Institutionを「制度」と訳すことの妥当性にも，疑問が残る。また，「埋め込まれた外在的価値・規範・規則」では意訳しすぎであると判断された。

5）解題者注：ビッグ・ファイブに続く新世代の理論として今後の期待が寄せられているアプローチには，以下のようなものがあげられる。ちなみに，Institutional logics theoryとStructural hole theoryは講演時のスライドには含まれておらず，本学会誌への寄稿に際しての確認作業の過程で，氏が新たに追加された。

　　　Inhabited institutionalism（Hallet 2010）
　　　Categorical/classification theory（Hsu and Hannan 2005）
　　　Social movement theory（Davis and Thompson 1994）
　　　Strategic action field theory（Fligstein 1996）
　　　Complexity theory（Anderson 1999）
　　　Autocatalytic theory（Padgett and Powell 2012）
　　　Institutional logics theory（Thornton, Ocasio, Lounsbury 2012）
　　　Structural hole theory（Burt 1992）

6）訳者注："Mid-range theory"とは，「中範囲の理論」のことである。一方，本稿で扱っている社会学領域の組織理論は「メゾ・レベルの組織理論」と総称されることもあり，

これを「中範囲の理論」と同義に理解される向きがある。この誤解を避けるため，本稿ではあえて，"mid-range theory" を原語のまま示した。ちなみに「メゾ・レベルの組織理論」とは，分析単位を組織のポピュレーションに設定している理論の総称である。素材は事例であっても，議論はポピュレーション・レベルで展開される。

引用文献

Anderson, P., 1999, "Perspective: Complexity Theory and Organization Science," *Organization Science*, 10（3）: 216-232.

Blau, P.M., 1972, "Interdependence and Hierarchy in Organizations," *Social Science Research*, 1（1）: 1-24.

Burt, R. S., 1992, *Structural Holes*, Cambridge, MA: Harvard University Press.

Cohen, M.D., J.G. March, and J.P. Olsen, 1972, "A Garbage Can Model of Organizational Choice," *Administrative Science Quarterly*, 17（1）: 1-25.

Davis, G. F. and T. A. Thompson, 1994, "A Social Movement Perspective on Corporate Control," *Administrative Science Quarterly*, 39（1）: 141-173.

DiMaggio, P.J. and W.W. Powell, 1983, "The Iron Cage Revisited: Institutional Isomorphism and Collective Rationality in Organizational Fields," *American Sociological Review*, 48（April): 147-160.

Domhoff, G.W., 1967, *Who rules America?*, Englewood Cliffs, NJ: Prentice-Hall.

Fligstein, N., 1996, "Markets as Politics: A Political-Cultural Approach to Market Institutions," *American Sociological Review*, 61（4）: 656-73.

Granovetter, M., 1985, "Economic Action and Social Structure: The Problem of Embeddedness," *American Journal of Sociology*, 91（3）: 481-510.

Hannan, M.T. and J. Freeman, 1977, "The Population Ecology of Organizations," *American Journal of Sociology*, 82（5）: 929-964.

Hallett, T., 2010, "The Myth Incarnate: Recoupling Processes, Turmoil, and Inhabited Institutions in an Urban Elementary School," *American Sociological Review*, 75（1）: 52-74.

Hsu, G., M.T. Hannan, and O. Kocak, 2009, "Multiple Category Memberships in Markets: An Integrative Theory and Two Empirical Tests," *American Sociological Review*, 74（1）: 150-169.

Hsu, G. and M.T.Hannan, 2005, "Identities, Genres, and Organizational Forms," *Organization Science*, 16（5）: 474-490.

Lawrence, P.R. and J.W. Lorsch, 1967, *Organization and Environment: Managing Differentiation and Integration,Boston: Division of Research, Graduate School of Business Administration*, Harvard University.

Meyer, J.W. and B. Rowan, 1977, "Institutionalized Organizations: Formal Structure as Myth and Ceremony," *American Journal of Sociology*, 83（2）: 340-363.

Michels, R., 1911, *Zur Soziologie Des Parteriwesens in Der Modernen Demokratie;*

Untersuchungen Über Die Oligarchischen Tendenzen Des Gruppenlebens, Leipzig, Germany: Werner Klinkhardt. = Michels, R., 1915, *Political Parties: A Sociological Study of the Oligarchical Tendencies of Modern Democracy*, New York: Heart's International Library Co.

Mills, C.W., 1956, *The Power Elite*, New York: Oxford University Press.

Padgett, J.F. and W.W. Powell, 2012, *The Emergence of Organizations and Markets*, *Princeton*, NJ: Princeton University Press.

Pfeffer, J. and G.R. Salancik, 1978, *The External Control of Organizations: A Resource Dependence Perspective*, New York: Harper & Row, Publishers.

Simon, H.A., 1957, *Administrative Behavior: A Study of Decision-Making Processes in Administrative Organization*, 2nd Edition, New York: Macmillan.

Thornton, P.H., W. Ocasio, and M. Lounsbury, 2012, *The Institutional Logics Perspective: A New Approach to Culture, Structure, and Process*, Oxford: Oxford University Press.

Williamson, O. E., 1975, *Markets and Hierarchies: Analysis and Antitrust Implications*, New York: Free Press.

Woodward, J., 1965, *Industrial Organization: Theory and Practice*, New York: Oxford University Press.

〈解題〉

　本稿は，「社会学領域の組織論：福祉社会学研究への適用可能性」と題して，2019年3月9日に福祉社会学研究会として開催された講演の録音記録をもとに書き起こされ，『福祉社会学研究』2020年17巻に，社会学領域の組織理論（ジョセフ・ガラスキウィクズ著，須田木綿子・米澤旦・門美由紀訳）として掲載された。本書への転載をご了解くださった福祉社会学会には，改めて御礼を申し上げたい。

　研究会当日は，ガラスキウィクズ氏が英語で話されたあとに，須田が段落ごとに日本語に訳した。当日の模様はテープ録音し，日本語訳の部分のみについてテープ起こしを行った。それをもとに，須田・米澤・門がさらに日本語を整え，内容が重複している部分は削除した。必要に応じてガラスキウィクズ氏と直接やりとりをして，翻訳過程に伴う解釈の妥当性についての確認も行った。また，複数の理論を紹介する内容であることをふまえ，学会誌への寄稿の折には，研究会で使用した「社会学領域の組織論」というタイトルから「社会学領域の組織理論」に変更した。紙幅の都合で講演に使用されたパワー・ポイントを資料として添付することはできなかったので，パワー・ポイントに示されながら講演録では十分に触れられなかった論点は「解題者注」として説明を補った。さら，"environment"，"institutional context"，"mid-range theory"，"inhabited institutionalization" は，主要な述語であるだけに安易な訳出はできず，訳者の間で協議を重ねたが名案も得られなかった。そこで，これらの述語は原語で記し，訳出上の課題を「訳者注」として示した。以上をふまえ，本文の原著者はガラスキウィクズ氏であるが，日本語で書かれた本稿における誤りや説明不足はすべて，翻訳者が責任を負うところである。

　最後に，ガラスキウィクズ氏の経歴を簡単に紹介する。氏はシカゴ大学にて社会学修士・博士号を取得され，現在はアリゾナ大学社会学部にて教授として教鞭をとられている。社会学領域の組織理論の中でも制度学派を専門とされ，組織間ネットワーク分析を主な手法とし，非営利組織研究に多くの貢献をされた。数年前には，英語圏の非営利組織・活動研究の領域では最も権威のある学

会のひとつである Association for Research on Nonprofit and Voluntary Action（ARNOVA）の会長をつとめられた。研究業績は多数，かつ，様々な受賞歴をお持ちであり，主要なものに限っても，すべてを紹介することは難しい。一例として，"Nonprofit Organizations in an Age of Uncertainty: A Study of Organizational Change"（Aldine de Gruyter, 1998）では，共著者のウルフガング・ビールフェルド氏とともに Academy of Management という北米最大の学会から Best Book Award を，米国の非営利組織・活動研究を牽引する Independent Sector という機関からは Virginia Hodgkinson Research Prize を，前述の ARNOVA 学会からは Award for the Outstanding Book を受賞されている。

〈執筆者紹介〉

須田木綿子（すだ　ゆうこ）［第１部，第４部，第５部，付録（訳）］
東京大学大学院医学系研究科保健学博士課程２年次修了　博士（保健学）
現在，東洋大学社会学部教授
専門は，非営利組織論，社会政策論，福祉社会学
主要業績として，「介護保険制度における競争原理とサービス供給組織の適応」（『社会政策』13（１），
　2021年，pp. 96-106),"Changing Relationships Between Nonprofit and For-profit Human Service
　Organizations Under the Long-Term Care System in Japan"（*VOLUNTAS*, 25(５), 2014年, pp.
　1235-1261),『対人サービスの民営化──行政─営利─非営利の境界線』（東信堂，2011年，第10回日
　本NPO学会賞優秀賞，第２回福祉社会学会賞学術賞）。

米澤　旦（よねざわ　あきら）［第２部，第４部，付録（訳）］
東京大学大学院人文社会系研究科博士課程単位取得退学　博士（社会学）
現在，明治学院大学社会学部教授
専門は，福祉社会学，組織社会学，社会政策論
主要業績として，『社会的企業への新しい見方』（ミネルヴァ書房，2017年，日本協同組合学会学会賞
　2017年度奨励賞，第24回社会政策学会学会賞奨励賞，第５回福祉社会学会学会賞奨励賞），『労働統
　合型社会的企業の可能性』（ミネルヴァ書房，2011年），『福祉社会学のフロンティア』（共編著，ミ
　ネルヴァ書房，2021年）。

大平剛士（おおひら　つよし）［第３部］
同志社大学大学院総合政策科学研究科一貫制博士課程修了　博士（革新的技術・経営）
現在，大阪商業大学総合経営学部経営学科専任講師
専門は，組織行動論，経営組織論
主要業績として，『介護サービス組織の連携と経営』（晃洋書房，2021年），Ohira, T., Fujimoto, T.,
　and Sekiguchi, T. "Organizational Stress in Contemporary Japan"（Sharma, K. A., Cooper, C.
　L., and Pestonjee, D.（Eds.）, *Organizational Stress Around the World*, Routledge, 2021, pp.128-
　144),「日本の介護職の連携と職務満足」（『老年社会科学』40（４），2019年，pp.375-383）。

門美由紀（かど　みゆき）［付録（訳）］
東洋大学人間科学総合研究所客員研究員
主要業績として，「地域福祉における民間の役割」（『新・社会福祉士シリーズ10　地域福祉と包括的支
　援体制』，弘文堂，2022年）。

組織理論入門
──── 5つのパースペクティブ ────

2022年4月10日　初版第1刷発行　　　　＊定価はカバーに
　　　　　　　　　　　　　　　　　　　　表示してあります

　　　　　　　　　　　　須　田　木綿子
　　　著　者　　　　　　米　澤　　　旦ⓒ
　　　　　　　　　　　　大　平　剛　士
　　　発行者　　　　　　萩　原　淳　平
　　　印刷者　　　　　　河　野　俊一郎

発行所　株式会社　晃　洋　書　房
〒615 0026　京都市右京区西院北矢掛町7番地
　　　　　　　　電話　075(312)0788番(代)
　　　　　　　　振替口座　01040-6-32280

装幀　HON DESIGN（岩崎玲奈）　印刷・製本　西濃印刷㈱
ISBN 978-4-7710-3626-0